# Constitution de la République française

Ferdinand Mélin-Soucramanien est professeur de droit public à l'Université de Bordeaux. Dans cette Université, il enseigne le droit constitutionnel, le droit des libertés fondamentales et le droit des outre-mer. Il a créé et dirige le Centre d'études et de recherches comparatives sur les constitutions, les libertés et l'État (CERCCLE). Il est l'auteur ou le co-auteur de plusieurs ouvrages publiés chez le même éditeur : *Droit constitutionnel*, 38e éd., 2020 (en collaboration), Sirey, coll. « Université » ; *Les grandes décisions du Conseil constitutionnel*, 19e éd., 2018 (en collaboration), Dalloz, coll. « Grands arrêts ».

# Constitution de la République française

introduction de

Ferdinand Mélin-Soucramanien
*Professeur de droit public*
*à l'Université de Bordeaux*

DALLOZ

collection
***À savoir***

créée par
Évelyne Pisier
et Olivier Duhamel

sous la direction
d'Olivier Duhamel


ISBN 978-2-247-18853-6

# Sommaire

## Présentation

**Introduction.** – La Constitution du 4 octobre 1958, adoptée par référendum le 28 septembre 1958, fonde le régime de la V^e^ République. Cette Constitution, élaborée initialement afin de donner les moyens à l'exécutif de mettre fin à la crise algérienne en acquérant une certaine stabilité, s'est finalement inscrite dans la durée et a fait à plusieurs reprises la preuve de sa capacité à encadrer juridiquement des situations nouvelles et imprévues telles que la cohabitation. Cette longévité de la Constitution du 4 octobre 1958 contraste singulièrement avec le passé récent d'un pays où, plus de quinze fois déjà depuis 1789, on a changé de Constitution. Or, malgré l'enracinement de l'idée très française selon laquelle la Constitution peut changer le monde en contribuant au « bonheur de tous » selon la belle formule de la Déclaration des droits de l'homme et du citoyen, il semble que notre norme fondamentale soit mal connue du grand public, voire des étudiants en droit ou en science politique eux-mêmes. Aussi, l'ambition de ce petit recueil est-elle à la fois très modeste et sans doute trop élevée compte tenu de son format. Il s'agit simplement d'offrir au lecteur, dans un format de poche, le texte brut de la Constitution telle qu'elle s'applique aujourd'hui en droit positif français sans autres commentaires que cette brève présentation générale. En même temps, on caresse l'espoir qu'une meilleure diffusion de la Constitution de la République française permettra au plus grand nombre de prendre conscience que la Constitution représente aujourd'hui, non seulement un rempart juridique solide contre les dérives toujours possibles du pouvoir politique, mais encore un pilier sur lequel repose tout l'édifice juridique français. En ce sens, cet opuscule a l'ambition de faire œuvre citoyenne ou tout au moins de contribuer à une entreprise d'« éducation civique » en donnant à voir ce qu'est la Constitution de la République française plus de soixante ans après son adoption.

## I. – Le « bloc de constitutionnalité »

**Une Constitution en 153 articles.** – D'abord, il importe de souligner que la Constitution applicable actuellement en France ne se limite pas au seul texte de la Constitution du 4 octobre 1958. En effet, aux 108 articles que compte désormais ce texte depuis la révision du 23 juillet 2008, il faut ajouter les 17 articles de la Déclaration des droits de l'homme et du citoyen du 26 août 1789, les 18 alinéas du préambule de la Constitution du 27 octobre 1946, ainsi que les 10 articles de la Charte de l'environnement de 2004. En somme, la Constitution écrite de la République française prend la forme d'un « bloc de constitutionnalité » comportant 153 articles.

**Les quatre sources de la Constitution.** – L'explication de ce phénomène d'agrégation des normes constitutionnelles en un bloc composite réside dans le fait qu'en 1958, le souci premier des constituants n'était pas de doter la France d'une Constitution complète comportant en particulier une charte des droits fondamentaux, mais plutôt de rationaliser le régime parlementaire afin de mettre fin à l'instabilité gouvernementale chronique qui avait provoqué les chutes successives des IIIe et IVe Républiques. C'est pourquoi, les rédacteurs de la Constitution de 1958 ont porté leur attention presqu'exclusivement sur le système normatif et sur l'équilibre institutionnel des pouvoirs dans le corps même de la Constitution. S'agissant des droits fondamentaux, ils se sont bornés à introduire à la première phrase du Préambule la formule selon laquelle « *Le peuple français proclame solennellement son attachement aux Droits de l'homme et aux principes de la souveraineté nationale tels qu'ils ont été définis par la Déclaration de 1789, confirmée et complétée par le préambule de la Constitution de 1946* ». On aurait pu penser que cette référence à deux textes constitutionnels antérieurs était purement symbolique. Il n'en a rien été dans la mesure où dans sa décision du 16 juillet 1971 relative à la liberté d'association, le Conseil constitutionnel a reconnu la valeur juridique du Préambule de la Constitution de 1958 et, par voie de conséquence des deux textes auquel celui-ci renvoie. Cette décision de 1971 est évidemment capitale car elle a eu pour résultat d'enrichir la Constitution de 1958 d'un catalogue de droits fondamentaux comprenant aussi bien des droits individuels, ou « droits-libertés », comme ceux inscrits dans la Déclaration de 1789, que des droits collectifs, ou « droits-créances », tels que prévus par le Préambule de la constitution de 1946.

Une nouvelle étape a été franchie avec l'adoption par le Congrès le 28 février 2005 de la Charte pour l'environnement de 2004. Celle-ci élève au rang constitutionnel certains droits fondamentaux qualifiés parfois de droits de la « troisième génération » dans la mesure où ils correspondent à une préoccupation née il y a une trentaine d'années, notamment lors du Sommet de Rio. Cette Charte assigne aux autorités publiques des objectifs à valeur constitutionnelle que devront poursuivre la législation et la réglementation. Mais cette Charte contient aussi de véritables droits fondamentaux constitutionnels comme l'ont jugé le Conseil constitutionnel et le Conseil d'État dès 2008, à propos du principe de précaution et du droit à l'information en matière environnementale.

Il en résulte que la Constitution française apparaît désormais comme un texte constitutionnel moderne, supportant parfaitement la comparaison avec des constitutions plus récentes puisqu'elle comprend non seulement des dispositions relatives aux institutions, aux pouvoirs publics, mais aussi à toute la gamme des droits fondamentaux constitutionnels, de la première à la troisième génération.

**Les « Principes fondamentaux reconnus par les lois de la République ».** – En outre, il faut souligner que dans la décision du 16 juillet 1971 relative à la liberté d'association, le Conseil constitutionnel a reconnu l'existence de « principes fondamentaux reconnus par les lois de la république », c'est-à-dire concrètement de normes constitutionnelles dégagées par le Conseil constitutionnel à partir du texte des grandes lois républicaines adoptées sous les trois premières républiques. Ces principes, dont l'existence est constatée par le juge constitutionnel, ont essentiellement vocation à combler les lacunes du « bloc de constitutionnalité ». Leur nombre est faible et depuis une quinzaine d'années, le juge constitutionnel français en « découvre » rarement de nouveaux. La liste de ces principes fondamentaux reconnus par les lois de la République se limite actuellement à dix principes : la liberté d'association, la liberté individuelle, la liberté d'enseignement, la liberté de conscience, l'indépendance de la juridiction administrative, l'indépendance des professeurs d'université, la compétence exclusive de la juridiction administrative en matière d'annulation des actes de la puissance publique, l'autorité judiciaire gardienne de la propriété privée immobilière, la proportionnalité des peines applicables aux mineurs et enfin, depuis 2011, le principe du particularisme du droit applicable dans les départements du Bas-Rhin, du Haut-Rhin et de la Moselle. À noter que le principe du respect des droits de la défense, initialement érigé en principe fondamental reconnu par les lois de la République est, depuis 2006, directement rattaché à l'article 16 de la Déclaration de 1789.

## II. – Le contrôle de constitutionnalité

**La juridicisation de la Constitution.** – L'impact de la décision du 16 juillet 1971 démontre l'importance grandissante du Conseil constitutionnel. Au fil de sa jurisprudence, cette juridiction, créée par la Constitution de 1958, a modifié en profondeur l'ordre juridique français. En effet, à partir du moment où le respect de la Constitution est garanti par un juge, celle-ci occupe réellement le rang de norme fondamentale. Cette évolution, récente en France contrairement à la plupart des autres pays européens ou de ce qui s'est produit aux États-Unis dès l'arrêt *Marbury* vs *Madison* de 1803, a pour conséquence de soumettre tous les citoyens comme toutes les autorités publiques au respect de la norme suprême de l'État : la Constitution. Ce changement de paradigme est capital car, comme le législateur lui-même est tenu au respect de la norme fondamentale, il en résulte nécessairement une pacification, une régulation, de la vie politique française par le droit constitutionnel. Dans ce contexte, la Constitution n'est plus constituée de vagues principes philosophico-politiques, mais bien d'un corps de règles juridiques effectives, et donc contraignantes, pour le corps social et politique dans son ensemble.

**La juridictionnalisation du procès constitutionnel.** – L'ouverture de la saisine du Conseil constitutionnel aux parlementaires en 1974 avait constitué une première étape importante car elle avait permis un contrôle régulier des lois votées par le parlement, mais non encore promulguées par le président de la République. De fait, la plupart des lois importantes, en particulier les lois de finances, ont été soumises au contrôle de constitutionnalité exercé par le Conseil constitutionnel depuis cette date. Cependant, ce contrôle était très insuffisant car, non seulement, il n'était pas rare que certains textes potentiellement contraires à la Constitution passent à travers les mailles du filet mais, de plus, ce contrôle des lois avant leur promulgation laissait subsister dans l'ordre juridique français bien des lois promulguées contraires à la Constitution. Désormais, les choses ont radicalement changé et nul ne peut plus ignorer la Constitution. En effet, depuis le 1er mars 2010, la possibilité offerte au Conseil constitutionnel par l'article 61-1 de la Constitution de trancher les questions prioritaires de constitutionnalité qui peuvent lui être posées par les juridictions de l'ordre judiciaire ou administratif en abrogeant les lois promulguées qu'il juge contraires à la Constitution, a enfin permis l'apparition d'un véritable procès constitutionnel. Celui-ci a lieu, bien entendu, devant le Conseil constitutionnel, mais aussi devant toutes les juridictions nationales à l'exception des cours d'assises. Il en résulte assurément un progrès spectaculaire de l'État de droit et aussi, plus prosaïquement, une meilleure connaissance des ressources contentieuses de la Constitution en particulier chez les praticiens du droit, qu'ils fussent juges ou avocats. Plus généralement, la question prioritaire de constitutionnalité représente d'ores et déjà un vecteur puissant de diffusion de la Constitution, et des valeurs républicaines qu'elle porte, dans toute la société française.

**La constitutionnalisation du Droit.** – Il en résulte un phénomène de constitutionnalisation du Droit, c'est-à-dire une irrigation de l'ensemble de l'ordre juridique par la Constitution. Le droit constitutionnel français est ainsi devenu en quelques années un droit vivant. Comme on l'observe également en droit comparé, dans les pays qui ont une plus longue expérience que la nôtre du contrôle de constitutionnalité, la Constitution est devenue la source première, fondamentale, de toutes les branches du droit. Ainsi, on ne peut plus méconnaître aujourd'hui l'existence d'un socle constitutionnel, ou de bases constitutionnelles, du droit civil, du droit pénal, du droit fiscal, du droit administratif, du droit social, etc. De même, force est de constater que la plupart des débats majeurs qui agitent la société française contemporaine, comme par exemple : les mutations de la laïcité et de l'égalité républicaine, l'attribution du droit de vote aux élections municipales au profit des étrangers, la recherche d'une plus grande justice fiscale, la nécessité d'une protection accrue de l'environnement, etc., doivent aujourd'hui être posés d'abord et avant tout en termes constitutionnels.

## III. – Les révisions constitutionnelles

**La multiplication des révisions constitutionnelles.** – L'existence d'une garantie juridictionnelle de la Constitution emporte une autre conséquence. En imposant au législateur le respect de la Constitution, le Conseil constitutionnel contraint le constituant à intervenir plus fréquemment pour retoucher le texte même de la Constitution. Depuis 1958, la Constitution du 4 octobre a été modifiée à vingt-quatre reprises ce qui contraste singulièrement avec l'histoire constitutionnelle française où on ne touchait généralement à la Constitution que pour en changer totalement. Certains déplorent ce réformisme constitutionnel au nom d'une exigence de stabilité de la norme fondamentale, d'autres au contraire considèrent qu'il faudrait doter la France d'une nouvelle Constitution ouvrant l'ère d'une VIe République. Sans prendre parti dans ce débat qui relève de l'opportunité politique et, au final, de la volonté du peuple français, notons simplement que l'existence d'une justice constitutionnelle implique nécessairement cette mutabilité de la norme constitutionnelle comme l'enseigne le droit comparé. Le phénomène est simple à comprendre : lorsque les pouvoirs publics ne peuvent emprunter la voie législative parce qu'un principe constitutionnel garanti par un juge dresse un obstacle devant leur route, ils doivent monter d'un cran dans la hiérarchie des normes en empruntant la voie constitutionnelle. Cette attitude est désormais courante : que l'on songe seulement aux révisions constitutionnelles récentes sur la parité ou les langues régionales dont l'objet même était de « briser » une jurisprudence du Conseil constitutionnel. La question qui se pose alors est celle de savoir si, face à cette multiplication des révisions constitutionnelles, il ne conviendrait pas de permettre l'émergence d'un contrôle de la validité des lois constitutionnelles pouvant être effectué par le Conseil constitutionnel lui-même. Pour l'heure, le juge constitutionnel français s'est toujours refusé à assumer une telle mission alors même que théoriquement, tout au moins s'agissant des lois de révision votées non pas par le peuple, mais par le parlement constituant, rien ne s'y oppose.

À ce premier phénomène de « contournement » de l'obstacle constitutionnel, s'ajoute le fait que nombre de révisions sont désormais rendues nécessaires par l'approfondissement croissant de la construction européenne. L'exigence salutaire de l'article 54 de la Constitution qui impose que, préalablement à la ratification d'un traité international comportant des clauses contraires à la Constitution, cette dernière soit révisée afin de permettre la compatibilité du traité avec l'ordre juridique interne a conduit à réviser la Constitution à sept reprises depuis 1992. Ces révisions successives attestent de l'existence d'un mouvement de « constitutionnalisation » du droit d'origine supra-nationale qui, malgré tout, doit être appréhendé à travers la grille de lecture de la Constitution, laquelle demeure la norme fondamentale dans l'ordre juridique français comme s'accordent à le souligner le Conseil constitutionnel, mais aussi le Conseil d'État et la Cour de cassation.

**Une « nouvelle Constitution » en 2008 ?** – La révision constitutionnelle qui a été adoptée le 23 juillet 2008 et qui prend racine dans la volonté réformatrice de Nicolas Sarkozy qui fut président de la République, de 2007 à 2012, présente des similitudes avec celles qui l'ont précédé. Cependant, par son ampleur, il est certain qu'elle fera date. Quarante pour cent des dispositions de la Constitution de 1958 ont été réécrites. Au-delà de ce qui a retenu l'attention des médias dans le contexte politique du moment, à savoir par exemple la modification de l'article 18 de la Constitution afin de permettre au président de s'adresser au Parlement réuni en Congrès, cette révision avait pour ambition de donner un nouveau souffle démocratique aux institutions de la V^e^ République. En particulier, la modification des dispositions relatives à l'ordre du jour des assemblées parlementaires, ou la limitation du recours à l'article 49, alinéa 3, était censée permettre à la représentation nationale de retrouver un rôle que l'exécutif n'avait cessé de lui disputer depuis 1958. De même, la création d'une « exception d'inconstitutionnalité » à la française avec la QPC, bien qu'elle n'aille pas aussi loin que l'on aurait pu espérer crée un nouveau droit au profit des citoyens, tout comme la possibilité qui leur est désormais offerte de saisir directement le Conseil supérieur de la magistrature ou d'adresser une requête au « Défenseur des droits ». Cependant, le bilan de cette importante révision de la Constitution est, au final, assez décevant car elle n'a pas permis le rééquilibrage attendu des institutions au profit du Parlement. La pratique institutionnelle, consistant en une focalisation de la vie politique française sur l'élection du président de la République au suffrage universel direct et le règne sans partage du gouvernement présidentiel encore accentué par le quinquennat, a prévalu sur toutes les retouches apportées au texte de la Constitution.

**L'échec des tentatives de révision depuis 2008.** – Il n'en reste pas moins que cette révision de 2008 est la dernière qui ait pu être réalisée en France. Sous le quinquennat de François Hollande, de 2012 à 2017, toutes les tentatives ont échoué et on peut même considérer que c'est le retrait de la révision visant à inscrire à la fois l'état d'urgence et la déchéance de nationalité dans la Constitution qui a conduit le président à ne pas se présenter à un second mandat. Depuis 2017 et l'élection d'Emmanuel Macron, la révision constitutionnelle paraît également bloquée. Conformément à ses promesses de campagne, le président a porté un projet de loi constitutionnelle visant à créer une « démocratie plus représentative, responsable et efficace » qui a été présenté lors du conseil des ministres du 4 mai 2018. Ce projet, extrêmement ambitieux, a commencé à être examiné par le Parlement, puis sa discussion a été suspendue une première fois en juillet 2018 en raison de l'« affaire Benalla ». La discussion a repris ensuite pour être à nouveau interrompue au début de l'année 2019, en raison cette fois de la crise des « gilets jaunes » et de l'organisation du Grand débat au cours duquel la question de la réforme des institutions a occupé le devant de la scène avec la revendication d'un « référendum d'initiative citoyenne ». Lors de sa conférence de presse du 25 avril 2019, le président de la République a annoncé son intention de remettre une troisième fois l'ouvrage sur le métier, vraisemblablement en déposant un nouveau projet de loi constitutionnelle faisant la part belle à de nouveaux instruments de démocratie participative. Nous nous trouvons donc aujourd'hui à la croisée des chemins. On a le sentiment que, soit la Constitution de la V^e République parvient à être révisée par les voies de droit ordinaires et, ainsi à se revivifier ; soit, une nouvelle Constitution devra nécessairement être adoptée.

# Textes constitutionnels

Conformément à une technique rédactionnelle généralement observée s'agissant des constitutions les plus récentes, il a été fait le choix de placer au fronton de la Constitution de 1958 les trois textes consacrant des droits fondamentaux :

- la Déclaration de 1789,
- le Préambule de la Constitution de 1946 et
- la Charte de l'environnement de 2004.

Précisons également que les textes publiés ci-après n'ont qu'une valeur officieuse. Seule la version publiée au *Journal officiel de la République française* revêt une valeur officielle.

# Déclaration des Droits de l'Homme et du Citoyen du 26 août 1789

Les Représentants du Peuple Français, constitués en Assemblée nationale, considérant que l'ignorance, l'oubli ou le mépris des droits de l'Homme sont les seules causes des malheurs publics et de la corruption des Gouvernements, ont résolu d'exposer, dans une Déclaration solennelle, les droits naturels, inaliénables et sacrés de l'Homme, afin que cette Déclaration, constamment présente à tous les Membres du corps social, leur rappelle sans cesse leurs droits et leurs devoirs; afin que les actes du pouvoir législatif, et ceux du pouvoir exécutif, pouvant être à chaque instant comparés avec le but de toute institution politique, en soient plus respectés; afin que les réclamations des citoyens, fondées désormais sur des principes simples et incontestables, tournent toujours au maintien de la Constitution et au bonheur de tous.

En conséquence, l'Assemblée nationale reconnaît et déclare, en présence et sous les auspices de l'Être suprême, les droits suivants de l'Homme et du Citoyen.

### Article premier

Les hommes naissent et demeurent libres et égaux en droits. Les distinctions sociales ne peuvent être fondées que sur l'utilité commune.

### Article 2

Le but de toute association politique est la conservation des droits naturels et imprescriptibles de l'Homme. Ces droits sont la liberté, la propriété, la sûreté, et la résistance à l'oppression.

### Article 3

Le principe de toute Souveraineté réside essentiellement dans la Nation. Nul corps, nul individu ne peut exercer d'autorité qui n'en émane expressément.

### Article 4

La liberté consiste à pouvoir faire tout ce qui ne nuit pas à autrui : ainsi, l'exercice des droits naturels de chaque homme n'a de bornes que celles qui assurent aux autres Membres de la Société la jouissance de ces mêmes droits. Ces bornes ne peuvent être déterminées que par la Loi.

### Article 5

La Loi n'a le droit de défendre que les actions nuisibles à la Société. Tout ce qui n'est pas défendu par la Loi ne peut être empêché, et nul ne peut être contraint à faire ce qu'elle n'ordonne pas.

### Article 6

La Loi est l'expression de la volonté générale. Tous les Citoyens ont droit de concourir personnellement, ou par leurs Représentants, à sa formation. Elle doit être la même pour tous, soit qu'elle protège, soit qu'elle punisse. Tous les Citoyens étant égaux à ses yeux sont également admissibles à toutes dignités, places et emplois publics, selon leur capacité, et sans autre distinction que celle de leurs vertus et de leurs talents.

### Article 7

Nul homme ne peut être accusé, arrêté ni détenu que dans les cas déterminés par la Loi, et selon les formes qu'elle a prescrites. Ceux qui sollicitent, expédient, exécutent ou font exécuter des ordres arbitraires, doivent être punis ; mais tout citoyen appelé ou saisi en vertu de la Loi doit obéir à l'instant : il se rend coupable par la résistance.

### Article 8

La Loi ne doit établir que des peines strictement et évidemment nécessaires, et nul ne peut être puni qu'en vertu d'une Loi établie et promulguée antérieurement au délit, et légalement appliquée.

### Article 9

Tout homme étant présumé innocent jusqu'à ce qu'il ait été déclaré coupable, s'il est jugé indispensable de l'arrêter, toute rigueur qui ne serait pas nécessaire pour s'assurer de sa personne doit être sévèrement réprimée par la loi.

### Article 10

Nul ne doit être inquiété pour ses opinions, même religieuses, pourvu que leur manifestation ne trouble pas l'ordre public établi par la Loi.

### Article 11

La libre communication des pensées et des opinions est un des droits les plus précieux de l'Homme : tout Citoyen peut donc parler, écrire, imprimer librement, sauf à répondre à l'abus de cette liberté dans les cas déterminés par la Loi.

### Article 12

La garantie des droits de l'Homme et du Citoyen nécessite une force publique : cette force est donc instituée pour l'avantage de tous, et non pour l'utilité particulière de ceux auxquels elle est confiée.

### Article 13

Pour l'entretien de la force publique, et pour les dépenses d'administration, une contribution commune est indispensable : elle doit être également répartie entre tous les citoyens, en raison de leurs facultés.

### Article 14

Tous les Citoyens ont le droit de constater, par eux-mêmes ou par leurs représentants, la nécessité de la contribution publique, de la consentir librement, d'en suivre l'emploi, et d'en déterminer la quotité, l'assiette, le recouvrement et la durée.

### Article 15

La Société a le droit de demander compte à tout Agent public de son administration.

### Article 16

Toute Société dans laquelle la garantie des Droits n'est pas assurée, ni la séparation des Pouvoirs déterminée, n'a point de Constitution.

### Article 17

La propriété étant un droit inviolable et sacré, nul ne peut en être privé, si ce n'est lorsque la nécessité publique, légalement constatée, l'exige évidemment, et sous la condition d'une juste et préalable indemnité.

## Préambule de la Constitution du 27 octobre 1946

**1.** Au lendemain de la victoire remportée par les peuples libres sur les régimes qui ont tenté d'asservir et de dégrader la personne humaine, le peuple français proclame à nouveau que tout être humain, sans distinction de race, de religion ni de croyance, possède des droits inaliénables et sacrés. Il réaffirme solennellement les droits et libertés de l'homme et du citoyen consacrés par la Déclaration des droits de 1789 et les principes fondamentaux reconnus par les lois de la République.

**2.** Il proclame, en outre, comme particulièrement nécessaires à notre temps, les principes politiques, économiques et sociaux ci-après :

**3.** La loi garantit à la femme, dans tous les domaines, des droits égaux à ceux de l'homme.

**4.** Tout homme persécuté en raison de son action en faveur de la liberté a droit d'asile sur les territoires de la République.

**5.** Chacun a le devoir de travailler et le droit d'obtenir un emploi. Nul ne peut être lésé, dans son travail ou son emploi, en raison de ses origines, de ses opinions ou de ses croyances.

**6.** Tout homme peut défendre ses droits et ses intérêts par l'action syndicale et adhérer au syndicat de son choix.

**7.** Le droit de grève s'exerce dans le cadre des lois qui le réglementent.

**8.** Tout travailleur participe, par l'intermédiaire de ses délégués, à la détermination collective des conditions de travail ainsi qu'à la gestion des entreprises.

**9.** Tout bien, toute entreprise, dont l'exploitation a ou acquiert les caractères d'un service public national ou d'un monopole de fait, doit devenir la propriété de la collectivité.

**10.** La Nation assure à l'individu et à la famille les conditions nécessaires à leur développement.

**11.** Elle garantit à tous, notamment à l'enfant, à la mère et aux vieux travailleurs, la protection de la santé, la sécurité matérielle, le repos et les loisirs. Tout être humain qui, en raison de son âge, de son état physique ou mental, de la situation économique, se trouve dans l'incapacité de travailler a le droit d'obtenir de la collectivité des moyens convenables d'existence.

**12.** La Nation proclame la solidarité et l'égalité de tous les Français devant les charges qui résultent des calamités nationales.

**13.** La Nation garantit l'égal accès de l'enfant et de l'adulte à l'instruction, à la formation professionnelle et à la culture. L'organisation de l'enseignement public gratuit et laïque à tous les degrés est un devoir de l'État.

**14.** La République française, fidèle à ses traditions, se conforme aux règles du droit public international. Elle n'entreprendra aucune guerre dans des vues de conquête et n'emploiera jamais ses forces contre la liberté d'aucun peuple.

**15.** Sous réserve de réciprocité, la France consent aux limitations de souveraineté nécessaires à l'organisation et à la défense de la paix.

**16.** La France forme avec les peuples d'outre-mer une Union fondée sur l'égalité des droits et des devoirs, sans distinction de race ni de religion.

**17.** L'Union française est composée de nations et de peuples qui mettent en commun ou coordonnent leurs ressources et leurs efforts pour développer leurs civilisations respectives, accroître leur bien-être et assurer leur sécurité.

**18.** Fidèle à sa mission traditionnelle, la France entend conduire les peuples dont elle a pris la charge à la liberté de s'administrer eux-mêmes et de gérer démocratiquement leurs propres affaires; écartant tout système de colonisation fondé sur l'arbitraire, elle garantit à tous l'égal accès aux fonctions publiques et l'exercice individuel ou collectif des droits et libertés proclamés ou confirmés ci-dessus.

# Charte de l'environnement de 2004

Le peuple français,

Considérant :

Que les ressources et les équilibres naturels ont conditionné l'émergence de l'humanité ;

Que l'avenir et l'existence même de l'humanité sont indissociables de son milieu naturel ;

Que l'environnement est le patrimoine commun des êtres humains ;

Que l'homme exerce une influence croissante sur les conditions de la vie et sur sa propre évolution ;

Que la diversité biologique, l'épanouissement de la personne et le progrès des sociétés humaines sont affectés par certains modes de consommation ou de production et par l'exploitation excessive des ressources naturelles ;

Que la préservation de l'environnement doit être recherchée au même titre que les autres intérêts fondamentaux de la Nation ;

Qu'afin d'assurer un développement durable, les choix destinés à répondre aux besoins du présent ne doivent pas compromettre la capacité des générations futures et des autres peuples à satisfaire leurs propres besoins,

Proclame :

**Article 1er**. – Chacun a le droit de vivre dans un environnement équilibré et respectueux de la santé.

**Art. 2**. – Toute personne a le devoir de prendre part à la préservation et à l'amélioration de l'environnement.

**Art. 3**. – Toute personne doit, dans les conditions définies par la loi, prévenir les atteintes qu'elle est susceptible de porter à l'environnement ou, à défaut, en limiter les conséquences.

**Art. 4**. – Toute personne doit contribuer à la réparation des dommages qu'elle cause à l'environnement, dans les conditions définies par la loi.

**Art. 5**. – Lorsque la réalisation d'un dommage, bien qu'incertaine en l'état des connaissances scientifiques, pourrait affecter de manière grave et irréversible l'environnement, les autorités publiques veillent, par application du principe de précaution et dans leurs domaines d'attributions, à la mise en œuvre de procédures d'évaluation des risques et à l'adoption de mesures provisoires et proportionnées afin de parer à la réalisation du dommage.

**Art. 6**. – Les politiques publiques doivent promouvoir un développement durable. À cet effet, elles concilient la protection et la mise en valeur de l'environnement, le développement économique et le progrès social.

**Art. 7**. – Toute personne a le droit, dans les conditions et les limites définies par la loi, d'accéder aux informations relatives à l'environnement détenues par les autorités publiques et de participer à l'élaboration des décisions publiques ayant une incidence sur l'environnement.

**Art. 8**. – L'éducation et la formation à l'environnement doivent contribuer à l'exercice des droits et devoirs définis par la présente Charte.

**Art. 9**. – La recherche et l'innovation doivent apporter leur concours à la préservation et à la mise en valeur de l'environnement.

**Art. 10**. – La présente Charte inspire l'action européenne et internationale de la France.

# Constitution du 4 octobre 1958

## Préambule

Le peuple français proclame solennellement son attachement aux Droits de l'homme et aux principes de la souveraineté nationale tels qu'ils ont été définis par la Déclaration de 1789, confirmée et complétée par le préambule de la Constitution de 1946, ainsi qu'aux droits et devoirs définis dans la Charte de l'environnement de 2004.

En vertu de ces principes et de celui de la libre détermination des peuples, la République offre aux territoires d'outre-mer qui manifestent la volonté d'y adhérer des institutions nouvelles fondées sur l'idéal commun de liberté, d'égalité et de fraternité et conçues en vue de leur évolution démocratique.

**Article premier**

La France est une République indivisible, laïque, démocratique et sociale. Elle assure l'égalité devant la loi de tous les citoyens sans distinction d'origine, de race ou de religion. Elle respecte toutes les croyances. Son organisation est décentralisée.

La loi favorise l'égal accès des femmes et des hommes aux mandats électoraux et fonctions électives, ainsi qu'aux responsabilités professionnelles et sociales.

# Titre I
# De la Souveraineté

## Article 2

La langue de la République est le français.

L'emblème national est le drapeau tricolore, bleu, blanc, rouge.

L'hymne national est la Marseillaise.

La devise de la République est Liberté, Égalité, Fraternité.

Son principe est : gouvernement du peuple, par le peuple et pour le peuple.

## Article 3

La souveraineté nationale appartient au peuple qui l'exerce par ses représentants et par la voie du référendum.

Aucune section du peuple ni aucun individu ne peut s'en attribuer l'exercice.

Le suffrage peut être direct ou indirect dans les conditions prévues par la Constitution. Il est toujours universel, égal et secret.

Sont électeurs, dans les conditions déterminées par la loi, tous les nationaux français majeurs des deux sexes, jouissant de leurs droits civils et politiques.

### Article 4

Les partis et groupements politiques concourent à l'expression du suffrage. Ils se forment et exercent leur activité librement. Ils doivent respecter les principes de la souveraineté nationale et de la démocratie.

Ils contribuent à la mise en œuvre du principe énoncé au second alinéa de l'article 1er dans les conditions déterminées par la loi.

La loi garantit les expressions pluralistes des opinions et la participation équitable des partis et des groupements politiques à la vie démocratique de la Nation.

# Titre II
# Le Président de la République

## Article 5

Le Président de la République veille au respect de la Constitution. Il assure, par son arbitrage, le fonctionnement régulier des pouvoirs publics ainsi que la continuité de l'État.

Il est le garant de l'indépendance nationale, de l'intégrité du territoire et du respect des traités.

## Article 6

Le Président de la République est élu pour cinq ans au suffrage universel direct.

Nul ne peut exercer plus de deux mandats consécutifs.

Les modalités d'application du présent article sont fixées par une loi organique.

## Article 7

Le Président de la République est élu à la majorité absolue des suffrages exprimés. Si celle-ci n'est pas obtenue au premier tour de scrutin, il est procédé, le quatorzième jour suivant, à un second tour. Seuls peuvent s'y présenter les deux candidats qui, le cas échéant après retrait de candidats plus favorisés, se trouvent avoir recueilli le plus grand nombre de suffrages au premier tour.

Le scrutin est ouvert sur convocation du Gouvernement.

L'élection du nouveau président a lieu vingt jours au moins et trente-cinq jours au plus avant l'expiration des pouvoirs du président en exercice.

En cas de vacance de la Présidence de la République pour quelque cause que ce soit, ou d'empêchement constaté par le Conseil constitutionnel saisi par le Gouvernement et statuant à la majorité absolue de ses membres, les fonctions du Président de la République, à l'exception de celles prévues aux articles 11 et 12 ci-dessous, sont provisoirement exercées par le Président du Sénat et, si celui-ci est à son tour empêché d'exercer ces fonctions, par le Gouvernement.

En cas de vacance ou lorsque l'empêchement est déclaré définitif par le Conseil constitutionnel, le scrutin pour l'élection du nouveau président a lieu, sauf cas de force majeure constaté par le Conseil constitutionnel, vingt jours au moins et trente-cinq jours au plus après l'ouverture de la vacance ou la déclaration du caractère définitif de l'empêchement.

Si, dans les sept jours précédant la date limite du dépôt des présentations de candidatures, une des personnes ayant, moins de trente jours avant cette date, annoncé publiquement sa décision d'être candidate décède ou se trouve empêchée, le Conseil constitutionnel peut décider de reporter l'élection.

Si, avant le premier tour, un des candidats décède ou se trouve empêché, le Conseil constitutionnel prononce le report de l'élection.

En cas de décès ou d'empêchement de l'un des deux candidats les plus favorisés au premier tour avant les retraits éventuels, le Conseil constitutionnel déclare qu'il doit être procédé de nouveau à l'ensemble des opérations électorales; il en est de même en cas de décès ou d'empêchement de l'un des deux candidats restés en présence en vue du second tour.

Dans tous les cas, le Conseil constitutionnel est saisi dans les conditions fixées au deuxième alinéa de l'article 61 ci-dessous ou dans celles déterminées pour la présentation d'un candidat par la loi organique prévue à l'article 6 ci-dessus.

Le Conseil constitutionnel peut proroger les délais prévus aux troisième et cinquième alinéas sans que le scrutin puisse avoir lieu plus de trente-cinq jours après la date de la décision du Conseil constitutionnel. Si l'application des dispositions du présent alinéa a eu pour effet de reporter l'élection à une date postérieure à l'expiration des pouvoirs du président en exercice, celui-ci demeure en fonction jusqu'à la proclamation de son successeur.

Il ne peut être fait application ni des articles 49 et 50 ni de l'article 89 de la Constitution durant la vacance de la Présidence de la République ou durant la période qui s'écoule entre la déclaration du caractère définitif de l'empêchement du Président de la République et l'élection de son successeur.

### Article 8

Le Président de la République nomme le Premier ministre. Il met fin à ses fonctions sur la présentation par celui-ci de la démission du Gouvernement.

Sur la proposition du Premier ministre, il nomme les autres membres du Gouvernement et met fin à leurs fonctions.

### Article 9

Le Président de la République préside le Conseil des ministres.

### Article 10

Le Président de la République promulgue les lois dans les quinze jours qui suivent la transmission au Gouvernement de la loi définitivement adoptée.

Il peut, avant l'expiration de ce délai, demander au Parlement une nouvelle délibération de la loi ou de certains de ses articles. Cette nouvelle délibération ne peut être refusée.

### Article 11

Le Président de la République, sur proposition du Gouvernement pendant la durée des sessions ou sur proposition conjointe des deux assemblées, publiées au *Journal officiel*, peut soumettre au référendum tout projet de loi portant sur l'organisation des pouvoirs publics, sur des réformes relatives à la politique économique, sociale ou environnementale de la nation et aux services publics qui y concourent, ou tendant à autoriser la ratification d'un traité qui, sans être contraire à la Constitution, aurait des incidences sur le fonctionnement des institutions.

Lorsque le référendum est organisé sur proposition du Gouvernement, celui-ci fait, devant chaque assemblée, une déclaration qui est suivie d'un débat.

Un référendum portant sur un objet mentionné au premier alinéa peut être organisé à l'initiative d'un cinquième des membres du Parlement, soutenue par un dixième des électeurs inscrits sur les listes électorales. Cette initiative prend la forme d'une proposition de loi et ne peut avoir pour objet l'abrogation d'une disposition législative promulguée depuis moins d'un an.

Les conditions de sa présentation et celles dans lesquelles le Conseil constitutionnel contrôle le respect des dispositions de l'alinéa précédent sont déterminées par une loi organique.

Si la proposition de loi n'a pas été examinée par les deux assemblées dans un délai fixé par la loi organique, le Président de la République la soumet au référendum.

Lorsque la proposition de loi n'est pas adoptée par le peuple français, aucune nouvelle proposition de référendum portant sur le même sujet ne peut être présentée avant l'expiration d'un délai de deux ans suivant la date du scrutin.

Lorsque le référendum a conclu à l'adoption du projet ou de la proposition de loi, le Président de la République promulgue la loi dans les quinze jours qui suivent la proclamation des résultats de la consultation.

### Article 12

Le Président de la République peut, après consultation du Premier ministre et des Présidents des assemblées, prononcer la dissolution de l'Assemblée nationale.

Les élections générales ont lieu vingt jours au moins et quarante jours au plus après la dissolution.

L'Assemblée nationale se réunit de plein droit le deuxième jeudi qui suit son élection. Si cette réunion a lieu en dehors de la période prévue pour la session ordinaire, une session est ouverte de droit pour une durée de quinze jours.

Il ne peut être procédé à une nouvelle dissolution dans l'année qui suit ces élections.

### Article 13

Le Président de la République signe les ordonnances et les décrets délibérés en Conseil des ministres.

Il nomme aux emplois civils et militaires de l'État.

Les conseillers d'État, le grand chancelier de la Légion d'honneur, les ambassadeurs et envoyés extraordinaires, les conseillers maîtres à la Cour des Comptes, les préfets, les représentants de l'État dans les collectivités d'outre-mer régies par l'article 74 et en Nouvelle-Calédonie, les officiers généraux, les recteurs des académies, les directeurs des administrations centrales sont nommés en Conseil des ministres.

Une loi organique détermine les autres emplois auxquels il est pourvu en Conseil des ministres ainsi que les conditions dans lesquelles le pouvoir de nomination du Président de la République peut être par lui délégué pour être exercé en son nom.

Une loi organique détermine les emplois ou fonctions, autres que ceux mentionnés au troisième alinéa, pour lesquels, en raison de leur importance pour la garantie des droits et libertés ou la vie économique et sociale de la Nation, le pouvoir de nomination du Président de la République s'exerce après avis public de la commission permanente compétente de chaque assemblée. Le Président de la République ne peut procéder à une nomination lorsque l'addition des votes négatifs dans chaque commission représente au moins trois cinquièmes des suffrages exprimés au sein des deux commissions. La loi détermine les commissions permanentes compétentes selon les emplois ou fonctions concernés.

### Article 14

Le Président de la République accrédite les ambassadeurs et les envoyés extraordinaires auprès des puissances étrangères ; les ambassadeurs et les envoyés extraordinaires étrangers sont accrédités auprès de lui.

## Article 15

Le Président de la République est le chef des armées. Il préside les conseils et les comités supérieurs de la Défense nationale.

## Article 16

Lorsque les institutions de la République, l'indépendance de la Nation, l'intégrité de son territoire ou l'exécution de ses engagements internationaux sont menacées d'une manière grave et immédiate et que le fonctionnement régulier des pouvoirs publics constitutionnels est interrompu, le Président de la République prend les mesures exigées par ces circonstances, après consultation officielle du Premier ministre, des Présidents des assemblées ainsi que du Conseil constitutionnel.

Il en informe la Nation par un message.

Ces mesures doivent être inspirées par la volonté d'assurer aux pouvoirs publics constitutionnels, dans les moindres délais, les moyens d'accomplir leur mission. Le Conseil constitutionnel est consulté à leur sujet.

Le Parlement se réunit de plein droit.

L'Assemblée nationale ne peut être dissoute pendant l'exercice des pouvoirs exceptionnels.

Après trente jours d'exercice des pouvoirs exceptionnels, le Conseil constitutionnel peut être saisi par le Président de l'Assemblée nationale, le Président du Sénat, soixante députés ou soixante sénateurs, aux fins d'examiner si les conditions énoncées au premier alinéa demeurent réunies.

Il se prononce dans les délais les plus brefs par un avis public. Il procède de plein droit à cet examen et se prononce dans les mêmes conditions au terme de soixante jours d'exercice des pouvoirs exceptionnels et à tout moment au-delà de cette durée.

### Article 17

Le Président de la République a le droit de faire grâce à titre individuel.

### Article 18

Le Président de la République communique avec les deux assemblées du Parlement par des messages qu'il fait lire et qui ne donnent lieu à aucun débat.

Il peut prendre la parole devant le Parlement réuni à cet effet en Congrès. Sa déclaration peut donner lieu, hors sa présence, à un débat qui ne fait l'objet d'aucun vote.

Hors session, les assemblées parlementaires sont réunies spécialement à cet effet.

### Article 19

Les actes du Président de la République autres que ceux prévus aux articles 8 (alinéa 1er), 11, 12, 16, 18, 54, 56 et 61 sont contresignés par le Premier ministre et, le cas échéant, par les ministres responsables.

# Titre III
# Le Gouvernement

## Article 20

Le Gouvernement détermine et conduit la politique de la Nation.

Il dispose de l'administration et de la force armée.

Il est responsable devant le Parlement dans les conditions et suivant les procédures prévues aux articles 49 et 50.

## Article 21

Le Premier ministre dirige l'action du Gouvernement. Il est responsable de la Défense nationale. Il assure l'exécution des lois. Sous réserve des dispositions de l'article 13, il exerce le pouvoir réglementaire et nomme aux emplois civils et militaires.

Il peut déléguer certains de ses pouvoirs aux ministres.

Il supplée, le cas échéant, le Président de la République dans la présidence des conseils et comités prévus à l'article 15.

Il peut, à titre exceptionnel, le suppléer pour la présidence d'un Conseil des ministres en vertu d'une délégation expresse et pour un ordre du jour déterminé.

### Article 22

Les actes du Premier ministre sont contresignés, le cas échéant, par les ministres chargés de leur exécution.

### Article 23

Les fonctions de membre du Gouvernement sont incompatibles avec l'exercice de tout mandat parlementaire, de toute fonction de représentation professionnelle à caractère national et de tout emploi public ou de toute activité professionnelle.

Une loi organique fixe les conditions dans lesquelles il est pourvu au remplacement des titulaires de tels mandats, fonctions ou emplois.

Le remplacement des membres du Parlement a lieu conformément aux dispositions de l'article 25.

# Titre IV
# Le Parlement

## Article 24

Le Parlement vote la loi. Il contrôle l'action du Gouvernement. Il évalue les politiques publiques.

Il comprend l'Assemblée nationale et le Sénat.

Les députés à l'Assemblée nationale, dont le nombre ne peut excéder cinq cent soixante-dix-sept, sont élus au suffrage direct.

Le Sénat, dont le nombre de membres ne peut excéder trois cent quarante-huit, est élu au suffrage indirect. Il assure la représentation des collectivités territoriales de la République.

Les Français établis hors de France sont représentés à l'Assemblée nationale et au Sénat.

## Article 25

Une loi organique fixe la durée des pouvoirs de chaque assemblée, le nombre de ses membres, leur indemnité, les conditions d'éligibilité, le régime des inéligibilités et des incompatibilités.

Elle fixe également les conditions dans lesquelles sont élues les personnes appelées à assurer, en cas de vacance du siège, le remplacement des députés ou des sénateurs jusqu'au renouvellement général ou partiel de l'assemblée à laquelle ils appartenaient ou leur remplacement temporaire en cas d'acceptation par eux de fonctions gouvernementales.

Une commission indépendante, dont la loi fixe la composition et les règles d'organisation et de fonctionnement, se prononce par un avis public sur les projets de texte et propositions de loi délimitant les circonscriptions pour l'élection des députés ou modifiant la répartition des sièges de députés ou de sénateurs.

### Article 26

Aucun membre du Parlement ne peut être poursuivi, recherché, arrêté, détenu ou jugé à l'occasion des opinions ou votes émis par lui dans l'exercice de ses fonctions.

Aucun membre du Parlement ne peut faire l'objet, en matière criminelle ou correctionnelle, d'une arrestation ou de toute autre mesure privative ou restrictive de liberté qu'avec l'autorisation du Bureau de l'assemblée dont il fait partie. Cette autorisation n'est pas requise en cas de crime ou délit flagrant ou de condamnation définitive.

La détention, les mesures privatives ou restrictives de liberté ou la poursuite d'un membre du Parlement sont suspendues pour la durée de la session si l'assemblée dont il fait partie le requiert.

L'assemblée intéressée est réunie de plein droit pour des séances supplémentaires pour permettre, le cas échéant, l'application de l'alinéa ci-dessus.

## Article 27

Tout mandat impératif est nul.

Le droit de vote des membres du Parlement est personnel.

La loi organique peut autoriser exceptionnellement la délégation de vote. Dans ce cas nul ne peut recevoir délégation de plus d'un mandat.

## Article 28

Le Parlement se réunit de plein droit en une session ordinaire qui commence le premier jour ouvrable d'octobre et prend fin le dernier jour ouvrable de juin.

Le nombre de jours de séance que chaque assemblée peut tenir au cours de la session ordinaire ne peut excéder cent vingt. Les semaines de séance sont fixées par chaque assemblée.

Le Premier ministre, après consultation du président de l'assemblée concernée, ou la majorité des membres de chaque assemblée peut décider la tenue de jours supplémentaires de séance.

Les jours et les horaires des séances sont déterminés par le règlement de chaque assemblée.

## Article 29

Le Parlement est réuni en session extraordinaire à la demande du Premier ministre ou de la majorité des membres composant l'Assemblée nationale, sur un ordre du jour déterminé.

Lorsque la session extraordinaire est tenue à la demande des membres de l'Assemblée nationale, le décret de clôture intervient dès que le Parlement a épuisé l'ordre du jour pour lequel il a été convoqué et au plus tard douze jours à compter de sa réunion.

Le Premier ministre peut seul demander une nouvelle session avant l'expiration du mois qui suit le décret de clôture.

### Article 30

Hors les cas dans lesquels le Parlement se réunit de plein droit, les sessions extraordinaires sont ouvertes et closes par décret du Président de la République.

### Article 31

Les membres du Gouvernement ont accès aux deux assemblées. Ils sont entendus quand ils le demandent.

Ils peuvent se faire assister par des commissaires du Gouvernement.

### Article 32

Le Président de l'Assemblée nationale est élu pour la durée de la législature. Le Président du Sénat est élu après chaque renouvellement partiel.

### Article 33

Les séances des deux assemblées sont publiques. Le compte rendu intégral des débats est publié au *Journal officiel*.

Chaque assemblée peut siéger en comité secret à la demande du Premier ministre ou d'un dixième de ses membres.

## Titre V
## Des rapports entre le Gouvernement et le Parlement

### Article 34

La loi fixe les règles concernant :

– les droits civiques et les garanties fondamentales accordées aux citoyens pour l'exercice des libertés publiques, la liberté, le pluralisme et l'indépendance des médias ; les sujétions imposées par la Défense nationale aux citoyens en leur personne et en leurs biens ;

– la nationalité, l'état et la capacité des personnes, les régimes matrimoniaux, les successions et libéralités ;

– la détermination des crimes et délits ainsi que les peines qui leur sont applicables ; la procédure pénale ; l'amnistie ; la création de nouveaux ordres de juridiction et le statut des magistrats ;

– l'assiette, le taux et les modalités de recouvrement des impositions de toutes natures ; le régime d'émission de la monnaie.

La loi fixe également les règles concernant :

– le régime électoral des assemblées parlementaires, des assemblées locales et des instances représentatives des Français établis hors de France ainsi que les conditions d'exercice des mandats électoraux et des fonctions électives des membres des assemblées délibérantes des collectivités territoriales;

– la création de catégories d'établissements publics;

– les garanties fondamentales accordées aux fonctionnaires civils et militaires de l'État;

– les nationalisations d'entreprises et les transferts de propriété d'entreprises du secteur public au secteur privé.

La loi détermine les principes fondamentaux :

– de l'organisation générale de la Défense nationale;

– de la libre administration des collectivités territoriales, de leurs compétences et de leurs ressources;

– de l'enseignement;

– de la préservation de l'environnement;

– du régime de la propriété, des droits réels et des obligations civiles et commerciales;

– du droit du travail, du droit syndical et de la sécurité sociale.

Les lois de finances déterminent les ressources et les charges de l'État dans les conditions et sous les réserves prévues par une loi organique.

Les lois de financement de la sécurité sociale déterminent les conditions générales de son équilibre financier et, compte tenu de leurs prévisions de recettes, fixent ses objectifs de dépenses, dans les conditions et sous les réserves prévues par une loi organique.

Des lois de programmation déterminent les objectifs de l'action de l'État.

Les orientations pluriannuelles des finances publiques sont définies par des lois de programmation. Elles s'inscrivent dans l'objectif d'équilibre des comptes des administrations publiques.

Les dispositions du présent article pourront être précisées et complétées par une loi organique.

## Article 34-1

Les assemblées peuvent voter des résolutions dans les conditions fixées par la loi organique.

Sont irrecevables et ne peuvent être inscrites à l'ordre du jour les propositions de résolution dont le Gouvernement estime que leur adoption ou leur rejet serait de nature à mettre en cause sa responsabilité ou qu'elles contiennent des injonctions à son égard.

## Article 35

La déclaration de guerre est autorisée par le Parlement.

Le Gouvernement informe le Parlement de sa décision de faire intervenir les forces armées à l'étranger, au plus tard trois jours après le début de l'intervention. Il précise les objectifs poursuivis. Cette information peut donner lieu à un débat qui n'est suivi d'aucun vote.

Lorsque la durée de l'intervention excède quatre mois, le Gouvernement soumet sa prolongation à l'autorisation du Parlement. Il peut demander à l'Assemblée nationale de décider en dernier ressort.

Si le Parlement n'est pas en session à l'expiration du délai de quatre mois, il se prononce à l'ouverture de la session suivante.

## Article 36

L'état de siège est décrété en Conseil des ministres.

Sa prorogation au-delà de douze jours ne peut être autorisée que par le Parlement.

## Article 37

Les matières autres que celles qui sont du domaine de la loi ont un caractère réglementaire.

Les textes de forme législative intervenus en ces matières peuvent être modifiés par décrets pris après avis du Conseil d'État. Ceux de ces textes qui interviendraient après l'entrée en vigueur de la présente Constitution ne pourront être modifiés par décret que si le Conseil constitutionnel a déclaré qu'ils ont un caractère réglementaire en vertu de l'alinéa précédent.

## Article 37-1

La loi et le règlement peuvent comporter, pour un objet et une durée limités, des dispositions à caractère expérimental.

## Article 38

Le Gouvernement peut, pour l'exécution de son programme, demander au Parlement l'autorisation de prendre par ordonnances, pendant un délai limité, des mesures qui sont normalement du domaine de la loi.

Les ordonnances sont prises en Conseil des ministres après avis du Conseil d'État. Elles entrent en vigueur dès leur publication mais deviennent caduques si le projet de loi de ratification n'est pas déposé devant le Parlement avant la date fixée par la loi d'habilitation. Elles ne peuvent être ratifiées que de manière expresse.

À l'expiration du délai mentionné au premier alinéa du présent article, les ordonnances ne peuvent plus être modifiées que par la loi dans les matières qui sont du domaine législatif.

**Article 39**

L'initiative des lois appartient concurremment au Premier ministre et aux membres du Parlement.

Les projets de loi sont délibérés en Conseil des ministres après avis du Conseil d'État et déposés sur le bureau de l'une des deux assemblées. Les projets de loi de finances et de loi de financement de la sécurité sociale sont soumis en premier lieu à l'Assemblée nationale. Sans préjudice du premier alinéa de l'article 44, les projets de loi ayant pour principal objet l'organisation des collectivités territoriales sont soumis en premier lieu au Sénat.

La présentation des projets de loi déposés devant l'Assemblée nationale ou le Sénat répond aux conditions fixées par une loi organique.

Les projets de loi ne peuvent être inscrits à l'ordre du jour si la Conférence des présidents de la première assemblée saisie constate que les règles fixées par la loi organique sont méconnues. En cas de désaccord entre la Conférence des présidents et le Gouvernement, le président de l'assemblée intéressée ou le Premier ministre peut saisir le Conseil constitutionnel qui statue dans un délai de huit jours.

Dans les conditions prévues par la loi, le président d'une assemblée peut soumettre pour avis au Conseil d'État, avant son examen en commission, une proposition de loi déposée par l'un des membres de cette assemblée, sauf si ce dernier s'y oppose.

**Article 40**

Les propositions et amendements formulés par les membres du Parlement ne sont pas recevables lorsque leur adoption aurait pour conséquence soit une diminution des ressources publiques, soit la création ou l'aggravation d'une charge publique.

**Article 41**

S'il apparaît au cours de la procédure législative qu'une proposition ou un amendement n'est pas du domaine de la loi ou est contraire à une délégation accordée en vertu de l'article 38, le Gouvernement ou le président de l'assemblée saisie peut opposer l'irrecevabilité.

En cas de désaccord entre le Gouvernement et le Président de l'assemblée intéressée, le Conseil constitutionnel, à la demande de l'un ou de l'autre, statue dans un délai de huit jours.

### Article 42

La discussion des projets et des propositions de loi porte, en séance, sur le texte adopté par la commission saisie en application de l'article 43 ou, à défaut, sur le texte dont l'assemblée a été saisie.

Toutefois, la discussion en séance des projets de révision constitutionnelle, des projets de loi de finances et des projets de loi de financement de la sécurité sociale porte, en première lecture, devant la première assemblée saisie, sur le texte présenté par le Gouvernement et, pour les autres lectures, sur le texte transmis par l'autre assemblée.

La discussion en séance, en première lecture, d'un projet ou d'une proposition de loi ne peut intervenir, devant la première assemblée saisie, qu'à l'expiration d'un délai de six semaines après son dépôt. Elle ne peut intervenir, devant la seconde assemblée saisie, qu'à l'expiration d'un délai de quatre semaines à compter de sa transmission.

L'alinéa précédent ne s'applique pas si la procédure accélérée a été engagée dans les conditions prévues à l'article 45. Il ne s'applique pas non plus aux projets de loi de finances, aux projets de loi de financement de la sécurité sociale et aux projets relatifs aux états de crise.

### Article 43

Les projets et propositions de loi sont envoyés pour examen à l'une des commissions permanentes dont le nombre est limité à huit dans chaque assemblée.

À la demande du Gouvernement ou de l'assemblée qui en est saisie, les projets ou propositions de loi sont envoyés pour examen à une commission spécialement désignée à cet effet.

### Article 44

Les membres du Parlement et le Gouvernement ont le droit d'amendement. Ce droit s'exerce en séance ou en commission selon les conditions fixées par les règlements des assemblées, dans le cadre déterminé par une loi organique.

Après l'ouverture du débat, le Gouvernement peut s'opposer à l'examen de tout amendement qui n'a pas été antérieurement soumis à la commission.

Si le Gouvernement le demande, l'assemblée saisie se prononce par un seul vote sur tout ou partie du texte en discussion en ne retenant que les amendements proposés ou acceptés par le Gouvernement.

### Article 45

Tout projet ou proposition de loi est examiné successivement dans les deux assemblées du Parlement en vue de l'adoption d'un texte identique. Sans préjudice de l'application des articles 40 et 41, tout amendement est recevable en première lecture dès lors qu'il présente un lien, même indirect, avec le texte déposé ou transmis.

Lorsque, par suite d'un désaccord entre les deux assemblées, un projet ou une proposition de loi n'a pu être adopté après deux lectures par chaque assemblée ou, si le Gouvernement a décidé d'engager la procédure accélérée sans que les Conférences des présidents s'y soient conjointement opposées, après une seule lecture par chacune d'entre elles, le Premier ministre ou, pour une proposition de loi, les présidents des deux assemblées agissant conjointement, ont la faculté de provoquer la réunion d'une commission mixte paritaire chargée de proposer un texte sur les dispositions restant en discussion.

Le texte élaboré par la commission mixte peut être soumis par le Gouvernement pour approbation aux deux assemblées. Aucun amendement n'est recevable sauf accord du Gouvernement.

Si la commission mixte ne parvient pas à l'adoption d'un texte commun ou si ce texte n'est pas adopté dans les conditions prévues à l'alinéa précédent, le Gouvernement peut, après une nouvelle lecture par l'Assemblée nationale et par le Sénat, demander à l'Assemblée nationale de statuer définitivement. En ce cas, l'Assemblée nationale peut reprendre soit le texte élaboré par la commission mixte, soit le dernier texte voté par elle, modifié le cas échéant par un ou plusieurs des amendements adoptés par le Sénat.

**Article 46**

Les lois auxquelles la Constitution confère le caractère de lois organiques sont votées et modifiées dans les conditions suivantes.

Le projet ou la proposition ne peut, en première lecture, être soumis à la délibération et au vote des assemblées qu'à l'expiration des délais fixés au troisième alinéa de l'article 42. Toutefois, si la procédure accélérée a été engagée dans les conditions prévues à l'article 45, le projet ou la proposition ne peut être soumis à la délibération de la première assemblée saisie avant l'expiration d'un délai de quinze jours après son dépôt.

La procédure de l'article 45 est applicable. Toutefois, faute d'accord entre les deux assemblées, le texte ne peut être adopté par l'Assemblée nationale en dernière lecture qu'à la majorité absolue de ses membres.

Les lois organiques relatives au Sénat doivent être votées dans les mêmes termes par les deux assemblées.

Les lois organiques ne peuvent être promulguées qu'après la déclaration par le Conseil constitutionnel de leur conformité à la Constitution.

**Article 47**

Le Parlement vote les projets de loi de finances dans les conditions prévues par une loi organique.

Si l'Assemblée nationale ne s'est pas prononcée en première lecture dans le délai de quarante jours après le dépôt d'un projet, le Gouvernement saisit le Sénat qui doit statuer dans un délai de quinze jours. Il est ensuite procédé dans les conditions prévues à l'article 45.

Si le Parlement ne s'est pas prononcé dans un délai de soixante-dix jours, les dispositions du projet peuvent être mises en vigueur par ordonnance.

Si la loi de finances fixant les ressources et les charges d'un exercice n'a pas été déposée en temps utile pour être promulguée avant le début de cet exercice, le Gouvernement demande d'urgence au Parlement l'autorisation de percevoir les impôts et ouvre par décret les crédits se rapportant aux services votés.

Les délais prévus au présent article sont suspendus lorsque le Parlement n'est pas en session.

### Article 47-1

Le Parlement vote les projets de loi de financement de la sécurité sociale dans les conditions prévues par une loi organique.

Si l'Assemblée nationale ne s'est pas prononcée en première lecture dans le délai de vingt jours après le dépôt d'un projet, le Gouvernement saisit le Sénat qui doit statuer dans un délai de quinze jours. Il est ensuite procédé dans les conditions prévues à l'article 45.

Si le Parlement ne s'est pas prononcé dans un délai de cinquante jours, les dispositions du projet peuvent être mises en œuvre par ordonnance.

Les délais prévus au présent article sont suspendus lorsque le Parlement n'est pas en session et, pour chaque assemblée, au cours des semaines où elle a décidé de ne pas tenir séance, conformément au deuxième alinéa de l'article 28.

### Article 47-2

La Cour des comptes assiste le Parlement dans le contrôle de l'action du Gouvernement. Elle assiste le Parlement et le Gouvernement dans le contrôle de l'exécution des lois de finances et de l'application des lois de financement de la sécurité sociale ainsi que dans l'évaluation des politiques publiques. Par ses rapports publics, elle contribue à l'information des citoyens.

Les comptes des administrations publiques sont réguliers et sincères. Ils donnent une image fidèle du résultat de leur gestion, de leur patrimoine et de leur situation financière.

### Article 48

Sans préjudice de l'application des trois derniers alinéas de l'article 28, l'ordre du jour est fixé par chaque assemblée.

Deux semaines de séance sur quatre sont réservées par priorité, et dans l'ordre que le Gouvernement a fixé, à l'examen des textes et aux débats dont il demande l'inscription à l'ordre du jour.

En outre, l'examen des projets de loi de finances, des projets de loi de financement de la sécurité sociale et, sous réserve des dispositions de l'alinéa suivant, des textes transmis par l'autre assemblée depuis six semaines au moins, des projets relatifs aux états de crise et des demandes d'autorisation visées à l'article 35 est, à la demande du Gouvernement, inscrit à l'ordre du jour par priorité.

Une semaine de séance sur quatre est réservée par priorité et dans l'ordre fixé par chaque assemblée au contrôle de l'action du Gouvernement et à l'évaluation des politiques publiques.

Un jour de séance par mois est réservé à un ordre du jour arrêté par chaque assemblée à l'initiative des groupes d'opposition de l'assemblée intéressée ainsi qu'à celle des groupes minoritaires.

Une séance par semaine au moins, y compris pendant les sessions extraordinaires prévues à l'article 29, est réservée par priorité aux questions des membres du Parlement et aux réponses du Gouvernement.

**Article 49**

Le Premier ministre, après délibération du Conseil des ministres, engage devant l'Assemblée nationale la responsabilité du Gouvernement sur son programme ou éventuellement sur une déclaration de politique générale.

L'Assemblée nationale met en cause la responsabilité du Gouvernement par le vote d'une motion de censure. Une telle motion n'est recevable que si elle est signée par un dixième au moins des membres de l'Assemblée nationale. Le vote ne peut avoir lieu que quarante-huit heures après son dépôt. Seuls sont recensés les votes favorables à la motion de censure qui ne peut être adoptée qu'à la majorité des membres composant l'Assemblée. Sauf dans le cas prévu à l'alinéa ci-dessous, un député ne peut être signataire de plus de trois motions de censure au cours d'une même session ordinaire et de plus d'une au cours d'une même session extraordinaire.

Le Premier ministre peut, après délibération du Conseil des ministres, engager la responsabilité du Gouvernement devant l'Assemblée nationale sur le vote d'un projet de loi de finances ou de financement de la sécurité sociale. Dans ce cas, ce projet est considéré comme adopté, sauf si une motion de censure, déposée dans les vingt-quatre heures qui suivent, est votée dans les conditions prévues à l'alinéa précédent. Le Premier ministre peut, en outre, recourir à cette procédure pour un autre projet ou une proposition de loi par session.

Le Premier ministre a la faculté de demander au Sénat l'approbation d'une déclaration de politique générale.

### Article 50

Lorsque l'Assemblée nationale adopte une motion de censure ou lorsqu'elle désapprouve le programme ou une déclaration de politique générale du Gouvernement, le Premier ministre doit remettre au Président de la République la démission du Gouvernement.

### Article 50-1

Devant l'une ou l'autre des assemblées, le Gouvernement peut, de sa propre initiative ou à la demande d'un groupe parlementaire au sens de l'article 51-1, faire, sur un sujet déterminé, une déclaration qui donne lieu à débat et peut, s'il le décide, faire l'objet d'un vote sans engager sa responsabilité.

### Article 51

La clôture de la session ordinaire ou des sessions extraordinaires est de droit retardée pour permettre, le cas échéant, l'application de l'article 49. À cette même fin, des séances supplémentaires sont de droit.

### Article 51-1

Le règlement de chaque assemblée détermine les droits des groupes parlementaires constitués en son sein. Il reconnaît des droits spécifiques aux groupes d'opposition de l'assemblée intéressée ainsi qu'aux groupes minoritaires.

### Article 51-2

Pour l'exercice des missions de contrôle et d'évaluation définies au premier alinéa de l'article 24, des commissions d'enquête peuvent être créées au sein de chaque assemblée pour recueillir, dans les conditions prévues par la loi, des éléments d'information.

La loi détermine leurs règles d'organisation et de fonctionnement. Leurs conditions de création sont fixées par le règlement de chaque assemblée.

# Titre VI
# Des traités et accords internationaux

## Article 52

Le Président de la République négocie et ratifie les traités.

Il est informé de toute négociation tendant à la conclusion d'un accord international non soumis à ratification.

## Article 53

Les traités de paix, les traités de commerce, les traités ou accords relatifs à l'organisation internationale, ceux qui engagent les finances de l'État, ceux qui modifient des dispositions de nature législative, ceux qui sont relatifs à l'état des personnes, ceux qui comportent cession, échange ou adjonction de territoire, ne peuvent être ratifiés ou approuvés qu'en vertu d'une loi.

Ils ne prennent effet qu'après avoir été ratifiés ou approuvés.

Nulle cession, nul échange, nulle adjonction de territoire n'est valable sans le consentement des populations intéressées.

### Article 53-1

La République peut conclure avec les États européens qui sont liés par des engagements identiques aux siens en matière d'asile et de protection des Droits de l'homme et des libertés fondamentales, des accords déterminant leurs compétences respectives pour l'examen des demandes d'asile qui leur sont présentées.

Toutefois, même si la demande n'entre pas dans leur compétence en vertu de ces accords, les autorités de la République ont toujours le droit de donner asile à tout étranger persécuté en raison de son action en faveur de la liberté ou qui sollicite la protection de la France pour un autre motif.

### Article 53-2

La République peut reconnaître la juridiction de la Cour pénale internationale dans les conditions prévues par le traité signé le 18 juillet 1998.

### Article 54

Si le Conseil constitutionnel, saisi par le Président de la République, par le Premier ministre, par le Président de l'une ou l'autre assemblée ou par soixante députés ou soixante sénateurs, a déclaré qu'un engagement international comporte une clause contraire à la Constitution, l'autorisation de ratifier ou d'approuver l'engagement international en cause ne peut intervenir qu'après révision de la Constitution.

### Article 55

Les traités ou accords régulièrement ratifiés ou approuvés ont, dès leur publication, une autorité supérieure à celle des lois, sous réserve, pour chaque accord ou traité, de son application par l'autre partie.

# Titre VII
# Le Conseil constitutionnel

## Article 56

Le Conseil constitutionnel comprend neuf membres, dont le mandat dure neuf ans et n'est pas renouvelable. Le Conseil constitutionnel se renouvelle par tiers tous les trois ans. Trois des membres sont nommés par le Président de la République, trois par le Président de l'Assemblée nationale, trois par le Président du Sénat. La procédure prévue au dernier alinéa de l'article 13 est applicable à ces nominations. Les nominations effectuées par le président de chaque assemblée sont soumises au seul avis de la commission permanente compétente de l'assemblée concernée.

En sus des neuf membres prévus ci-dessus, font de droit partie à vie du Conseil constitutionnel les anciens Présidents de la République.

Le Président est nommé par le Président de la République. Il a voix prépondérante en cas de partage.

## Article 57

Les fonctions de membre du Conseil constitutionnel sont incompatibles avec celles de ministre ou de membre du Parlement. Les autres incompatibilités sont fixées par une loi organique.

## Article 58

Le Conseil constitutionnel veille à la régularité de l'élection du Président de la République.

Il examine les réclamations et proclame les résultats du scrutin.

## Article 59

Le Conseil constitutionnel statue, en cas de contestation, sur la régularité de l'élection des députés et des sénateurs.

## Article 60

Le Conseil constitutionnel veille à la régularité des opérations de référendum prévues aux articles 11 et 89 et en proclame les résultats.

## Article 61

Les lois organiques, avant leur promulgation, les propositions de loi mentionnées à l'article 11 avant qu'elles ne soient soumises au référendum, et les règlements des assemblées parlementaires, avant leur mise en application, doivent être soumis au Conseil constitutionnel qui se prononce sur leur conformité à la Constitution.

Aux mêmes fins, les lois peuvent être déférées au Conseil constitutionnel, avant leur promulgation, par le Président de la République, le Premier ministre, le Président de l'Assemblée nationale, le Président du Sénat ou soixante députés ou soixante sénateurs.

Dans les cas prévus aux deux alinéas précédents, le Conseil constitutionnel doit statuer dans le délai d'un mois. Toutefois, à la demande du Gouvernement, s'il y a urgence, ce délai est ramené à huit jours.

Dans ces mêmes cas, la saisine du Conseil constitutionnel suspend le délai de promulgation.

### Article 61-1

Lorsque, à l'occasion d'une instance en cours devant une juridiction, il est soutenu qu'une disposition législative porte atteinte aux droits et libertés que la Constitution garantit, le Conseil constitutionnel peut être saisi de cette question sur renvoi du Conseil d'État ou de la Cour de cassation qui se prononce dans un délai déterminé.

Une loi organique détermine les conditions d'application du présent article.

### Article 62

Une disposition déclarée inconstitutionnelle sur le fondement de l'article 61 ne peut être promulguée ni mise en application.

Une disposition déclarée inconstitutionnelle sur le fondement de l'article 61-1 est abrogée à compter de la publication de la décision du Conseil constitutionnel ou d'une date ultérieure fixée par cette décision. Le Conseil constitutionnel détermine les conditions et limites dans lesquelles les effets que la disposition a produits sont susceptibles d'être remis en cause.

Les décisions du Conseil constitutionnel ne sont susceptibles d'aucun recours. Elles s'imposent aux pouvoirs publics et à toutes les autorités administratives et juridictionnelles.

### Article 63

Une loi organique détermine les règles d'organisation et de fonctionnement du Conseil constitutionnel, la procédure qui est suivie devant lui et notamment les délais ouverts pour le saisir de contestations.

# Titre VIII
# De l'autorité judiciaire

## Article 64

Le Président de la République est garant de l'indépendance de l'autorité judiciaire.

Il est assisté par le Conseil Supérieur de la Magistrature.

Une loi organique porte statut des magistrats.

Les magistrats du siège sont inamovibles.

## Article 65

Le Conseil supérieur de la magistrature comprend une formation compétente à l'égard des magistrats du siège et une formation compétente à l'égard des magistrats du parquet.

La formation compétente à l'égard des magistrats du siège est présidée par le premier président de la Cour de cassation. Elle comprend, en outre, cinq magistrats du siège et un magistrat du parquet, un conseiller d'État désigné par le Conseil d'État, un avocat ainsi que six personnalités qualifiées qui n'appartiennent ni au Parlement, ni à l'ordre judiciaire, ni à l'ordre administratif. Le Président de la République, le Président de l'Assemblée nationale et le Président du Sénat désignent chacun deux personnalités qualifiées. La procédure prévue au dernier alinéa de l'article 13 est applicable aux nominations des personnalités qualifiées. Les nominations effectuées par le président de chaque assemblée du Parlement sont soumises au seul avis de la commission permanente compétente de l'assemblée intéressée.

La formation compétente à l'égard des magistrats du parquet est présidée par le procureur général près la Cour de cassation. Elle comprend, en outre, cinq magistrats du parquet et un magistrat du siège, ainsi que le conseiller d'État, l'avocat et les six personnalités qualifiées mentionnés au deuxième alinéa.

La formation du Conseil supérieur de la magistrature compétente à l'égard des magistrats du siège fait des propositions pour les nominations des magistrats du siège à la Cour de cassation, pour celles de premier président de cour d'appel et pour celles de président de tribunal de grande instance. Les autres magistrats du siège sont nommés sur son avis conforme.

La formation du Conseil supérieur de la magistrature compétente à l'égard des magistrats du parquet donne son avis sur les nominations qui concernent les magistrats du parquet.

La formation du Conseil supérieur de la magistrature compétente à l'égard des magistrats du siège statue comme conseil de discipline des magistrats du siège. Elle comprend alors, outre les membres visés au deuxième alinéa, le magistrat du siège appartenant à la formation compétente à l'égard des magistrats du parquet.

La formation du Conseil supérieur de la magistrature compétente à l'égard des magistrats du parquet donne son avis sur les sanctions disciplinaires qui les concernent. Elle comprend alors, outre les membres visés au troisième alinéa, le magistrat du parquet appartenant à la formation compétente à l'égard des magistrats du siège.

Le Conseil supérieur de la magistrature se réunit en formation plénière pour répondre aux demandes d'avis formulées par le Président de la République au titre de l'article 64. Il se prononce, dans la même formation, sur les questions relatives à la déontologie des magistrats ainsi que sur toute question relative au fonctionnement de la Justice dont le saisit le ministre de la Justice. La formation plénière comprend trois des cinq magistrats du siège mentionnés au deuxième alinéa, trois des cinq magistrats du parquet mentionnés au troisième alinéa, ainsi que le conseiller d'État, l'avocat et les six personnalités qualifiées mentionnés au deuxième alinéa. Elle est présidée par le premier président de la Cour de cassation, que peut suppléer le procureur général près cette cour.

Sauf en matière disciplinaire, le ministre de la Justice peut participer aux séances des formations du Conseil supérieur de la magistrature.

Le Conseil supérieur de la magistrature peut être saisi par un justiciable dans les conditions fixées par une loi organique.

La loi organique détermine les conditions d'application du présent article.

## Article 66

Nul ne peut être arbitrairement détenu.

L'autorité judiciaire, gardienne de la liberté individuelle, assure le respect de ce principe dans les conditions prévues par la loi.

## Article 66-1

Nul ne peut être condamné à la peine de mort.

# Titre IX
# La Haute Cour

## Article 67

Le Président de la République n'est pas responsable des actes accomplis en cette qualité, sous réserve des dispositions des articles 53-2 et 68.

Il ne peut, durant son mandat et devant aucune juridiction ou autorité administrative française, être requis de témoigner non plus que faire l'objet d'une action, d'un acte d'information, d'instruction ou de poursuite. Tout délai de prescription ou de forclusion est suspendu.

Les instances et procédures auxquelles il est ainsi fait obstacle peuvent être reprises ou engagées contre lui à l'expiration d'un délai d'un mois suivant la cessation des fonctions.

## Article 68

Le Président de la République ne peut être destitué qu'en cas de manquement à ses devoirs manifestement incompatible avec l'exercice de son mandat. La destitution est prononcée par le Parlement constitué en Haute Cour.

La proposition de réunion de la Haute Cour adoptée par une des assemblées du Parlement est aussitôt transmise à l'autre qui se prononce dans les quinze jours.

La Haute Cour est présidée par le président de l'Assemblée nationale. Elle statue dans un délai d'un mois, à bulletins secrets, sur la destitution. Sa décision est d'effet immédiat

Les décisions prises en application du présent article le sont à la majorité des deux tiers des membres composant l'assemblée concernée ou la Haute Cour. Toute délégation de vote est interdite. Seuls sont recensés les votes favorables à la proposition de réunion de la Haute Cour ou à la destitution.

Une loi organique fixe les conditions d'application du présent article.

## Titre X
## De la responsabilité pénale des membres du gouvernement

### Article 68-1

Les membres du Gouvernement sont pénalement responsables des actes accomplis dans l'exercice de leurs fonctions et qualifiés crimes ou délits au moment où ils ont été commis.

Ils sont jugés par la Cour de justice de la République

La Cour de justice de la République est liée par la définition des crimes et délits ainsi que par la détermination des peines telles qu'elles résultent de la loi.

### Article 68-2

La Cour de justice de la République comprend quinze juges : douze parlementaires élus, en leur sein et en nombre égal, par l'Assemblée nationale et par le Sénat après chaque renouvellement général ou partiel de ces assemblées et trois magistrats du siège à la Cour de cassation, dont l'un préside la Cour de justice de la République.

Toute personne qui se prétend lésée par un crime ou un délit commis par un membre du Gouvernement dans l'exercice de ses fonctions peut porter plainte auprès d'une commission des requêtes.

Cette commission ordonne soit le classement de la procédure, soit sa transmission au procureur général près la Cour de cassation aux fins de saisine de la Cour de justice de la République.

Le procureur général près la Cour de cassation peut aussi saisir d'office la Cour de justice de la République sur avis conforme de la commission des requêtes.

Une loi organique détermine les conditions d'application du présent article.

**Article 68-3**

Les dispositions du présent titre sont applicables aux faits commis avant son entrée en vigueur.

# Titre XI
# Le Conseil économique, social et environnemental

## Article 69

Le Conseil économique, social et environnemental, saisi par le Gouvernement, donne son avis sur les projets de loi, d'ordonnance ou de décret ainsi que sur les propositions de lois qui lui sont soumis.

Un membre du Conseil économique, social et environnemental peut être désigné par celui-ci pour exposer devant les assemblées parlementaires l'avis du Conseil sur les projets ou propositions qui lui ont été soumis.

Le Conseil économique, social et environnemental peut être saisi par voie de pétition dans les conditions fixées par une loi organique. Après examen de la pétition, il fait connaître au Gouvernement et au Parlement les suites qu'il propose d'y donner.

## Article 70

Le Conseil économique, social et environnemental peut être consulté par le Gouvernement et le Parlement sur tout problème de caractère économique, social ou environnemental. Le Gouvernement peut également le consulter sur les projets de loi de programmation définissant les orientations pluriannuelles des finances publiques. Tout plan ou tout projet de loi de programmation à caractère économique, social ou environnemental lui est soumis pour avis.

### Article 71

La composition du Conseil économique, social et environnemental, dont le nombre de membres ne peut excéder deux cent trente-trois, et ses règles de fonctionnement sont fixées par une loi organique.

# Titre XI *bis*
# Le Défenseur des droits

## Article 71-1

Le Défenseur des droits veille au respect des droits et libertés par les administrations de l'État, les collectivités territoriales, les établissements publics, ainsi que par tout organisme investi d'une mission de service public, ou à l'égard duquel la loi organique lui attribue des compétences.

Il peut être saisi, dans les conditions prévues par la loi organique, par toute personne s'estimant lésée par le fonctionnement d'un service public ou d'un organisme visé au premier alinéa. Il peut se saisir d'office.

La loi organique définit les attributions et les modalités d'intervention du Défenseur des droits. Elle détermine les conditions dans lesquelles il peut être assisté par un collège pour l'exercice de certaines de ses attributions.

Le Défenseur des droits est nommé par le Président de la République pour un mandat de six ans non renouvelable, après application de la procédure prévue au dernier alinéa de l'article 13. Ses fonctions sont incompatibles avec celles de membre du Gouvernement et de membre du Parlement. Les autres incompatibilités sont fixées par la loi organique.

Le Défenseur des droits rend compte de son activité au Président de la République et au Parlement.

# Titre XII
# Des collectivités territoriales

## Article 72

Les collectivités territoriales de la République sont les communes, les départements, les régions, les collectivités à statut particulier et les collectivités d'outre-mer régies par l'article 74. Toute autre collectivité territoriale est créée par la loi, le cas échéant en lieu et place d'une ou de plusieurs collectivités mentionnées au présent alinéa.

Les collectivités territoriales ont vocation à prendre les décisions pour l'ensemble des compétences qui peuvent le mieux être mises en œuvre à leur échelon.

Dans les conditions prévues par la loi, ces collectivités s'administrent librement par des conseils élus et disposent d'un pouvoir réglementaire pour l'exercice de leurs compétences.

Dans les conditions prévues par la loi organique, et sauf lorsque sont en cause les conditions essentielles d'exercice d'une liberté publique ou d'un droit constitutionnellement garanti, les collectivités territoriales ou leurs groupements peuvent, lorsque, selon le cas, la loi ou le règlement l'a prévu, déroger, à titre expérimental et pour un objet et une durée limités, aux dispositions législatives ou réglementaires qui régissent l'exercice de leurs compétences.

Aucune collectivité territoriale ne peut exercer une tutelle sur une autre. Cependant, lorsque l'exercice d'une compétence nécessite le concours de plusieurs collectivités territoriales, la loi peut autoriser l'une d'entre elles ou un de leurs groupements à organiser les modalités de leur action commune.

Dans les collectivités territoriales de la République, le représentant de l'État, représentant de chacun des membres du Gouvernement, a la charge des intérêts nationaux, du contrôle administratif et du respect des lois.

### Article 72-1

La loi fixe les conditions dans lesquelles les électeurs de chaque collectivité territoriale peuvent, par l'exercice du droit de pétition, demander l'inscription à l'ordre du jour de l'assemblée délibérante de cette collectivité d'une question relevant de sa compétence.

Dans les conditions prévues par la loi organique, les projets de délibération ou d'acte relevant de la compétence d'une collectivité territoriale peuvent, à son initiative, être soumis, par la voie du référendum, à la décision des électeurs de cette collectivité.

Lorsqu'il est envisagé de créer une collectivité territoriale dotée d'un statut particulier ou de modifier son organisation, il peut être décidé par la loi de consulter les électeurs inscrits dans les collectivités intéressées. La modification des limites des collectivités territoriales peut également donner lieu à la consultation des électeurs dans les conditions prévues par la loi.

### Article 72-2

Les collectivités territoriales bénéficient de ressources dont elles peuvent disposer librement dans les conditions fixées par la loi.

Elles peuvent recevoir tout ou partie du produit des impositions de toutes natures. La loi peut les autoriser à en fixer l'assiette et le taux dans les limites qu'elle détermine.

Les recettes fiscales et les autres ressources propres des collectivités territoriales représentent, pour chaque catégorie de collectivités, une part déterminante de l'ensemble de leurs ressources. La loi organique fixe les conditions dans lesquelles cette règle est mise en œuvre.

Tout transfert de compétences entre l'État et les collectivités territoriales s'accompagne de l'attribution de ressources équivalentes à celles qui étaient consacrées à leur exercice. Toute création ou extension de compétences ayant pour conséquence d'augmenter les dépenses des collectivités territoriales est accompagnée de ressources déterminées par la loi.

La loi prévoit des dispositifs de péréquation destinés à favoriser l'égalité entre les collectivités territoriales.

## Article 72-3

La République reconnaît, au sein du peuple français, les populations d'outre-mer, dans un idéal commun de liberté, d'égalité et de fraternité.

La Guadeloupe, la Guyane, la Martinique, La Réunion, Mayotte, Saint-Barthélemy, Saint-Martin, Saint-Pierre-et-Miquelon, les îles Wallis et Futuna et la Polynésie française sont régis par l'article 73 pour les départements et les régions d'outre-mer et pour les collectivités territoriales créées en application du dernier alinéa de l'article 73, et par l'article 74 pour les autres collectivités.

Le statut de la Nouvelle-Calédonie est régi par le titre XIII.

La loi détermine le régime législatif et l'organisation particulière des Terres australes et antarctiques françaises et de Clipperton.

## Article 72-4

Aucun changement, pour tout ou partie de l'une des collectivités mentionnées au deuxième alinéa de l'article 72-3, de l'un vers l'autre des régimes prévus par les articles 73 et 74, ne peut intervenir sans que le consentement des électeurs de la collectivité ou de la partie de collectivité intéressée ait été préalablement recueilli dans les conditions prévues à l'alinéa suivant. Ce changement de régime est décidé par une loi organique.

Le Président de la République, sur proposition du Gouvernement pendant la durée des sessions ou sur proposition conjointe des deux assemblées, publiées au *Journal officiel*, peut décider de consulter les électeurs d'une collectivité territoriale située outre-mer sur une question relative à son organisation, à ses compétences ou à son régime législatif. Lorsque la consultation porte sur un changement prévu à l'alinéa précédent et est organisée sur proposition du Gouvernement, celui-ci fait, devant chaque assemblée, une déclaration qui est suivie d'un débat.

### Article 73

Dans les départements et les régions d'outre-mer, les lois et règlements sont applicables de plein droit. Ils peuvent faire l'objet d'adaptations tenant aux caractéristiques et contraintes particulières de ces collectivités.

Ces adaptations peuvent être décidées par ces collectivités dans les matières où s'exercent leurs compétences et si elles y ont été habilitées, selon le cas, par la loi ou par le règlement.

Par dérogation au premier alinéa et pour tenir compte de leurs spécificités, les collectivités régies par le présent article peuvent être habilitées, selon le cas, par la loi ou par le règlement, à fixer elles-mêmes les règles applicables sur leur territoire, dans un nombre limité de matières pouvant relever du domaine de la loi ou du règlement.

Ces règles ne peuvent porter sur la nationalité, les droits civiques, les garanties des libertés publiques, l'état et la capacité des personnes, l'organisation de la justice, le droit pénal, la procédure pénale, la politique étrangère, la défense, la sécurité et l'ordre publics, la monnaie, le crédit et les changes, ainsi que le droit électoral. Cette énumération pourra être précisée et complétée par une loi organique.

La disposition prévue aux deux précédents alinéas n'est pas applicable au département et à la région de La Réunion.

Les habilitations prévues aux deuxième et troisième alinéas sont décidées, à la demande de la collectivité concernée, dans les conditions et sous les réserves prévues par une loi organique. Elles ne peuvent intervenir lorsque sont en cause les conditions essentielles d'exercice d'une liberté publique ou d'un droit constitutionnellement garanti.

La création par la loi d'une collectivité se substituant à un département et une région d'outre-mer ou l'institution d'une assemblée délibérante unique pour ces deux collectivités ne peut intervenir sans qu'ait été recueilli, selon les formes prévues au second alinéa de l'article 72-4, le consentement des électeurs inscrits dans le ressort de ces collectivités.

**Article 74**

Les collectivités d'outre-mer régies par le présent article ont un statut qui tient compte des intérêts propres de chacune d'elles au sein de la République.

Ce statut est défini par une loi organique, adoptée après avis de l'assemblée délibérante, qui fixe :

– les conditions dans lesquelles les lois et règlements y sont applicables ;

– les compétences de cette collectivité ; sous réserve de celles déjà exercées par elle, le transfert de compétences de l'État ne peut porter sur les matières énumérées au quatrième alinéa de l'article 73, précisées et complétées, le cas échéant, par la loi organique ;

– les règles d'organisation et de fonctionnement des institutions de la collectivité et le régime électoral de son assemblée délibérante ;

– les conditions dans lesquelles ses institutions sont consultées sur les projets et propositions de loi et les projets d'ordonnance ou de décret comportant des dispositions particulières à la collectivité, ainsi que sur la ratification ou l'approbation d'engagements internationaux conclus dans les matières relevant de sa compétence.

La loi organique peut également déterminer, pour celles de ces collectivités qui sont dotées de l'autonomie, les conditions dans lesquelles :

– le Conseil d'État exerce un contrôle juridictionnel spécifique sur certaines catégories d'actes de l'assemblée délibérante intervenant au titre des compétences qu'elle exerce dans le domaine de la loi ;

– l'assemblée délibérante peut modifier une loi promulguée postérieurement à l'entrée en vigueur du statut de la collectivité, lorsque le Conseil constitutionnel, saisi notamment par les autorités de la collectivité, a constaté que la loi était intervenue dans le domaine de compétence de cette collectivité ;

– des mesures justifiées par les nécessités locales peuvent être prises par la collectivité en faveur de sa population, en matière d'accès à l'emploi, de droit d'établissement pour l'exercice d'une activité professionnelle ou de protection du patrimoine foncier ;

– la collectivité peut participer, sous le contrôle de l'État, à l'exercice des compétences qu'il conserve, dans le respect des garanties accordées sur l'ensemble du territoire national pour l'exercice des libertés publiques.

Les autres modalités de l'organisation particulière des collectivités relevant du présent article sont définies et modifiées par la loi après consultation de leur assemblée délibérante.

### Article 74-1

Dans les collectivités d'outre-mer visées à l'article 74 et en Nouvelle-Calédonie, le Gouvernement peut, par ordonnance, dans les matières qui demeurent de la compétence de l'État, étendre, avec les adaptations nécessaires, les dispositions de nature législative en vigueur en métropole ou adapter les dispositions de nature législative en vigueur à l'organisation particulière de la collectivité concernée, sous réserve que la loi n'ait pas expressément exclu, pour les dispositions en cause, le recours à cette procédure.

Les ordonnances sont prises en conseil des ministres après avis des assemblées délibérantes intéressées et du Conseil d'État. Elles entrent en vigueur dès leur publication. Elles deviennent caduques en l'absence de ratification par le Parlement dans le délai de dix-huit mois suivant cette publication.

### Article 75

Les citoyens de la République qui n'ont pas le statut civil de droit commun, seul visé à l'article 34, conservent leur statut personnel tant qu'ils n'y ont pas renoncé.

### Article 75-1

Les langues régionales appartiennent au patrimoine de la France.

# Titre XIII
# Dispositions transitoires relatives à la Nouvelle-Calédonie

## Article 76

Les populations de la Nouvelle-Calédonie sont appelées à se prononcer avant le 31 décembre 1998 sur les dispositions de l'accord signé à Nouméa le 5 mai 1998 et publié le 27 mai 1998 au *Journal officiel de la République française*.

Sont admises à participer au scrutin les personnes remplissant les conditions fixées à l'article 2 de la loi n° 88-1028 du 9 novembre 1988.

Les mesures nécessaires à l'organisation du scrutin sont prises par décret en Conseil d'État délibéré en conseil des ministres.

## Article 77

Après approbation de l'accord lors de la consultation prévue à l'article 76, la loi organique, prise après avis de l'assemblée délibérante de la Nouvelle-Calédonie, détermine, pour assurer l'évolution de la Nouvelle-Calédonie dans le respect des orientations définies par cet accord et selon les modalités nécessaires à sa mise en œuvre :

– les compétences de l'État qui seront transférées, de façon définitive, aux institutions de la Nouvelle-Calédonie, l'échelonnement et les modalités de ces transferts, ainsi que la répartition des charges résultant de ceux-ci ;

– les règles d'organisation et de fonctionnement des institutions de la Nouvelle-Calédonie et notamment les conditions dans lesquelles certaines catégories d'actes de l'assemblée délibérante pourront être soumises avant publication au contrôle du Conseil constitutionnel ;

– les règles relatives à la citoyenneté, au régime électoral, à l'emploi et au statut civil coutumier ;

– les conditions et les délais dans lesquels les populations intéressées de la Nouvelle-Calédonie seront amenées à se prononcer sur l'accession à la pleine souveraineté.

Les autres mesures nécessaires à la mise en œuvre de l'accord mentionné à l'article 76 sont définies par la loi.

Pour la définition du corps électoral appelé à élire les membres des assemblées délibérantes de la Nouvelle-Calédonie et des provinces, le tableau auquel se réfèrent l'accord mentionné à l'article 76 et les articles 188 et 189 de la loi organique n° 99209 du 19 mars 1999 relative à la Nouvelle-Calédonie est le tableau dressé à l'occasion du scrutin prévu audit article 76 et comprenant les personnes non admises à y participer.

# Titre XIV
# De la francophonie et des accords d'association

## Article 87

La République participe au développement de la solidarité et de la coopération entre les États et les peuples ayant le français en partage.

## Article 88

La République peut conclure des accords avec des États qui désirent s'associer à elle pour développer leurs civilisations.

# Titre XV
# De l'Union européenne

## Article 88-1

La République participe à l'Union européenne constituée d'États qui ont choisi librement d'exercer en commun certaines de leurs compétences en vertu du traité sur l'Union européenne et du traité sur le fonctionnement de l'Union européenne, tels qu'ils résultent du traité signé à Lisbonne le 13 décembre 2007.

## Article 88-2

La loi fixe les règles relatives au mandat d'arrêt européen en application des actes pris par les institutions de l'Union européenne.

## Article 88-3

Sous réserve de réciprocité et selon les modalités prévues par le Traité sur l'Union européenne signé le 7 février 1992, le droit de vote et d'éligibilité aux élections municipales peut être accordé aux seuls citoyens de l'Union résidant en France. Ces citoyens ne peuvent exercer les fonctions de maire ou d'adjoint ni participer à la désignation des électeurs sénatoriaux et à l'élection des sénateurs. Une loi organique votée dans les mêmes termes par les deux assemblées détermine les conditions d'application du présent article.

### Article 88-4

Le Gouvernement soumet à l'Assemblée nationale et au Sénat, dès leur transmission au Conseil de l'Union européenne, les projets ou propositions d'actes des Communautés européennes et de l'Union européenne.

Selon des modalités fixées par le règlement de chaque assemblée, des résolutions européennes peuvent être adoptées, le cas échéant en dehors des sessions, sur les projets ou propositions mentionnés au premier alinéa, ainsi que sur tout document émanant d'une institution de l'Union européenne.

Au sein de chaque assemblée parlementaire est instituée une commission chargée des affaires européennes.

### Article 88-5

Tout projet de loi autorisant la ratification d'un traité relatif à l'adhésion d'un État à l'Union européenne et aux Communautés européennes est soumis au référendum par le Président de la République.

Toutefois, par le vote d'une motion adoptée en termes identiques par chaque assemblée à la majorité des trois cinquièmes, le Parlement peut autoriser l'adoption du projet de loi selon la procédure prévue au troisième alinéa de l'article 89.

*[Cet article n'est pas applicable aux adhésions faisant suite à une conférence intergouvernementale dont la convocation a été décidée par le Conseil européen avant le 1er juillet 2004.]*

### Article 88-6

L'Assemblée nationale ou le Sénat peuvent émettre un avis motivé sur la conformité d'un projet d'acte législatif européen au principe de subsidiarité. L'avis est adressé par le président de l'assemblée concernée aux présidents du Parlement européen, du Conseil et de la Commission européenne. Le Gouvernement en est informé.

Chaque assemblée peut former un recours devant la Cour de justice de l'Union européenne contre un acte législatif européen pour violation du principe de subsidiarité. Ce recours est transmis à la Cour de justice de l'Union européenne par le Gouvernement.

À cette fin, des résolutions peuvent être adoptées, le cas échéant en dehors des sessions, selon des modalités d'initiative et de discussion fixées par le règlement de chaque assemblée. À la demande de soixante députés ou de soixante sénateurs, le recours est de droit.

### Article 88-7

Par le vote d'une motion adoptée en termes identiques par l'Assemblée nationale et le Sénat, le Parlement peut s'opposer à une modification des règles d'adoption d'actes de l'Union européenne dans les cas prévus, au titre de la révision simplifiée des traités ou de la coopération judiciaire civile, par le traité sur l'Union européenne et le traité sur le fonctionnement de l'Union européenne, tels qu'ils résultent du traité signé à Lisbonne le 13 décembre 2007.

# Titre XVI
# De la révision

## Article 89

L'initiative de la révision de la Constitution appartient concurremment au Président de la République sur proposition du Premier ministre et aux membres du Parlement.

Le projet ou la proposition de révision doit être examiné dans les conditions de délai fixées au troisième alinéa de l'article 42 et voté par les deux assemblées en termes identiques. La révision est définitive après avoir été approuvée par référendum.

Toutefois, le projet de révision n'est pas présenté au référendum lorsque le Président de la République décide de le soumettre au Parlement convoqué en Congrès ; dans ce cas, le projet de révision n'est approuvé que s'il réunit la majorité des trois cinquièmes des suffrages exprimés. Le bureau du Congrès est celui de l'Assemblée nationale.

Aucune procédure de révision ne peut être engagée ou poursuivie lorsqu'il est porté atteinte à l'intégrité du territoire.

La forme républicaine du Gouvernement ne peut faire l'objet d'une révision.

# Les révisions de la Constitution du 4 octobre 1958

| DATE | CAUSE | OBJET | PROCÉDURE |
|---|---|---|---|
| 1 – Loi constitutionnelle du 4 juin 1960 | adaptation à la Communauté contractuelle | complète : articles 85 et 86 | article 85 Sénat communauté |
| 2 – Loi constitutionnelle du 6 novembre 1962 | élection du président de la République au S.U.D. | modifie : articles 6 et 7 | article 11 Référendum |
| 3 – Loi constitutionnelle du 30 décembre 1963 | modification des dates des sessions parlementaires | modifie : article 28 | article 89 Congrès |
| 4 – Loi constitutionnelle du 29 octobre 1974 | ouverture du droit de saisine du Conseil constitutionnel | complète : article 61 | article 89 Congrès |
| 5 – Loi constitutionnelle du 18 juin 1976 | intérim de la présidence de la République | modifie : article 7 | article 89 Congrès |
| 6 – Loi constitutionnelle du 25 juin 1992 | Traité de Maastricht | crée : articles 88-1 à 88-4<br>complète : articles 2, 54 et 74 | article 89 Congrès |
| 7 – Loi constitutionnelle du 27 juillet 1993 | responsabilité pénale des membres du Gouvernement | crée : articles 68-1 et 68-2<br>modifie : articles 65 et 68 | article 89 Congrès |
| 8 – Loi constitutionnelle du 25 novembre 1993 | droit d'asile | crée : article 53-1 | article 89 Congrès |
| 9 – Loi constitutionnelle du 4 août 1995 | session parlementaire unique et autres | crée : article 68-3<br>modifie : articles 1er, 5, 11, 12, 26, 28, 48, 49, 51 et 70<br>abroge : Titres XIII et XVII | article 89 Congrès |

| | | | |
|---|---|---|---|
| **10** – Loi constitutionnelle du 22 février 1996 | lois de financement de la sécurité sociale | crée : article 47-1<br>complète : articles 34 et 39 | article 89 Congrès |
| **11** – Loi constitutionnelle du 20 juillet 1998 | statut provisoire de la Nouvelle-Calédonie | rétablit : articles 76 et 77 | article 89 Congrès |
| **12** – Loi constitutionnelle du 25 janvier 1999 | Traité d'Amsterdam | modifie : articles 88-2 et 88-4<br>crée : alinéa 2, article 88-2 | article 89 Congrès |
| **13** – Loi constitutionnelle du 8 juillet 1999 | Cour pénale internationale | crée : article 53-2 | article 89 Congrès |
| **14** – Loi constitutionnelle du 8 juillet 1999 | « parité » entre les femmes et les hommes | complète : articles 3 et 4 | article 89 Congrès |
| **15** – Loi constitutionnelle du 2 octobre 2000 | réduction du mandat présidentiel de 7 à 5 ans | modifie : article 6 | article 89 Référendum |
| **16** – Loi constitutionnelle du 25 mars 2003 | mandat d'arrêt européen | complète : article 88-2 | article 89 Congrès |
| **17** – Loi constitutionnelle du 28 mars 2003 | organisation décentralisée de la République | crée : articles 72-1 à 72-4 et 74-1<br>modifie : articles 1er, 7, 13, 34, 37, 39, 60, 72, 73 et 74 | article 89 Congrès |
| **18** – Loi constitutionnelle du 1er mars 2005 | Traité établissant une Constitution pour l'Europe | crée : article 88-5<br>complète : articles 60 et 88-1 | article 89 Congrès |
| **19** – Loi constitutionnelle du 1er mars 2005 | Charte de l'environnement | complète : alinéa 1er du préambule et article 34 | article 89 Congrès |

| | | | |
|---|---|---|---|
| **20** – Loi constitutionnelle du 23 février 2007 | corps électoral de la Nouvelle-Calédonie | complète : article 77 | article 89 Congrès |
| **21** – Loi constitutionnelle du 23 février 2007 | responsabilité pénale du président de la République | modifie : titre IX, articles 67 et 68 | article 89 Congrès |
| **22** – Loi constitutionnelle du 23 février 2007 | constitutionnalisation de l'interdiction de la peine de mort | crée : article 66-1 | article 89 Congrès |
| **23** – Loi constitutionnelle du 4 février 2008 | traité de Lisbonne | modifie : titre XV, articles 88-1 à 88-7 | article 89 Congrès |
| **24** – Loi constitutionnelle du 23 juillet 2008 | modernisation des institutions de la Ve République | crée : titre XI *bis*, articles 34-1, 47-2, 50-1, 51-1, 51-2, 61-1, 71-1, 75-1, 87<br>modifie : titre XI, articles 3, 4, 11, 17, 18, 24, 25, 34, 39, 41, 42, 43, 45, 46, 47, 47-1, 48, 49, 62, 65, 69, 70, 71, 73, 74-1, 88-4, 88-5, 89<br>complète : articles 1er, 6, 11, 13, 16, 25, 35, 38, 44, 56, 72-3 | article 89 Congrès |

## La question prioritaire de constitutionnalité

À l'évidence, la faculté reconnue aux justiciables depuis le 1er mars 2010 de formuler des questions prioritaires de constitutionnalité a modifié la perception de la Constitution au sein de la société française. Sur un plan contentieux, longtemps considérée comme un « sabre de bois », elle était devenue depuis 1958 et surtout 1971 une épée tranchante limitant l'action des pouvoirs publics, mais seulement en amont et dans le cadre d'un contrôle abstrait. Désormais, son statut est tout autre puisque l'instauration d'une question prioritaire de constitutionnalité par le nouvel article 61-1 de la Constitution a pour effet de la faire descendre dans l'arène judiciaire dans le cadre d'un contrôle *a posteriori* de la validité de la loi. En effet, à présent au cours d'un procès tout justiciable peut invoquer l'inconstitutionnalité de la loi applicable au litige lorsqu'il apparaît que celle-ci porte atteinte aux droits et libertés garantis par la Constitution. Cette novation qui met fin à un véritable déni de justice constitutionnelle représente assurément un progrès de l'État de droit en France. Les justiciables ne s'y sont d'ailleurs pas trompés comme l'atteste l'engouement pour cette procédure. Au 1er mars 2018, malgré la sélection des affaires opérées par les « juridictions du filtre » devant lesquelles ont été posées plusieurs milliers de questions prioritaires de constitutionnalité, le Conseil constitutionnel a été saisi par le Conseil d'État ou la Cour de cassation de 671 questions de constitutionnalité et a rendu 572 décisions. L'imagination des requérants étant sans limites, celles-ci concernent les domaines les plus divers, même si les deux matières ayant donné lieu au plus grand nombre de décisions sont le droit pénal et le droit fiscal. Comme a pu l'écrire Dominique Rousseau, cette nouvelle voie de recours constitue un agent puissant de diffusion de la « culture de la Constitution » dans l'ensemble de la société française. Dans le même temps, elle a permis à la justice constitutionnelle française d'entrer dans une nouvelle ère.

C'est pourquoi, il a paru utile de reproduire ci-après les principaux textes qui encadrent cette nouvelle procédure. Il s'agit pour l'essentiel de la loi organique du 10 décembre 2009 relative à l'application de l'article 61-1 de la Constitution (II), du décret du 16 février 2010 portant application de la loi organique du 10 décembre 2009 relative à l'application de l'article 61-1 de la Constitution (III), et enfin, de la décision du Conseil constitutionnel du 4 février 2010 portant règlement intérieur sur la procédure suivie devant le Conseil constitutionnel pour les questions prioritaires de constitutionnalité (IV). Compte tenu de la complexité du processus en trois temps mis en place par ces textes, les lecteurs trouveront également reproduit un schéma simplifié du circuit procédural d'une question prioritaire de constitutionnalité[1] (I).

1. Schéma réalisé avec la collaboration de M. Éric Lestrade, avocat, docteur en droit.

## I. – Schéma du circuit procédural d'une question prioritaire de constitutionnalité

**1.** Question prioritaire de constitutionnalité devant le juge du fond (juridiction de premier ressort ou juridiction d'appel)

**2.** Question prioritaire de constitutionnalité devant la juridiction suprême (Conseil d'État ou Cour de cassation)

**3.** Question prioritaire de constitutionnalité devant le Conseil constitutionnel

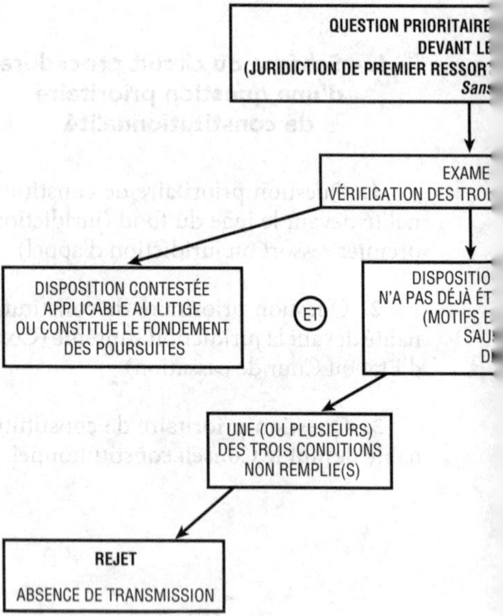
QUESTION PRIORITAIRE
DEVANT LE
(JURIDICTION DE PREMIER RESSORT
Sans
EXAME
VÉRIFICATION DES TROI
DISPOSITION CONTESTÉE APPLICABLE AU LITIGE OU CONSTITUE LE FONDEMENT DES POURSUITES
ET
DISPOSITIO
N'A PAS DÉJÀ ÉT
(MOTIFS E
SAU
D
UNE (OU PLUSIEURS) DES TROIS CONDITIONS NON REMPLIE(S)
REJET
ABSENCE DE TRANSMISSION

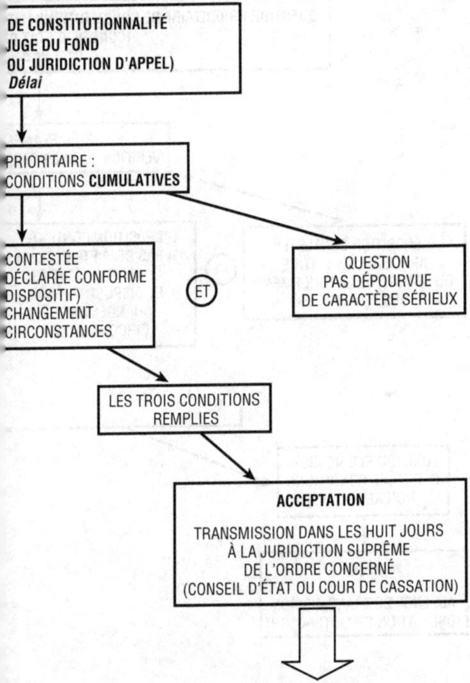
DE CONSTITUTIONNALITÉ
JUGE DU FOND
OU JURIDICTION D'APPEL)
Délai
PRIORITAIRE :
CONDITIONS CUMULATIVES
CONTESTÉE
DÉCLARÉE CONFORME
DISPOSITIF)
CHANGEMENT
CIRCONSTANCES
ET
QUESTION
PAS DÉPOURVUE
DE CARACTÈRE SÉRIEUX
LES TROIS CONDITIONS
REMPLIES
ACCEPTATION
TRANSMISSION DANS LES HUIT JOURS
À LA JURIDICTION SUPRÊME
DE L'ORDRE CONCERNÉ
(CONSEIL D'ÉTAT OU COUR DE CASSATION)

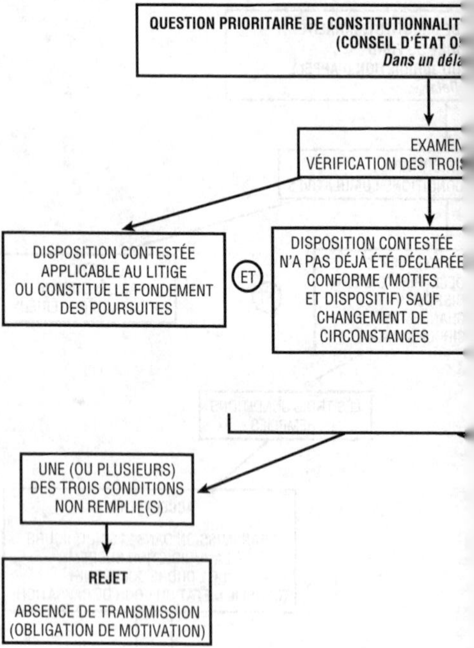
QUESTION PRIORITAIRE DE CONSTITUTIONNALIT
(CONSEIL D'ÉTAT O
Dans un dél
EXAMEN
VÉRIFICATION DES TROIS
DISPOSITION CONTESTÉE APPLICABLE AU LITIGE OU CONSTITUE LE FONDEMENT DES POURSUITES
ET
DISPOSITION CONTESTÉE N'A PAS DÉJÀ ÉTÉ DÉCLARÉE CONFORME (MOTIFS ET DISPOSITIF) SAUF CHANGEMENT DE CIRCONSTANCES
UNE (OU PLUSIEURS) DES TROIS CONDITIONS NON REMPLIE(S)
REJET
ABSENCE DE TRANSMISSION (OBLIGATION DE MOTIVATION)

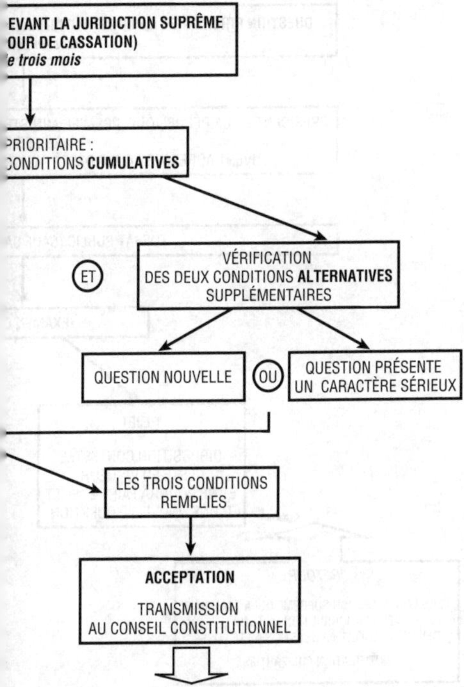
EVANT LA JURIDICTION SUPRÊME
OUR DE CASSATION)
e trois mois
PRIORITAIRE :
CONDITIONS CUMULATIVES
ET
VÉRIFICATION
DES DEUX CONDITIONS ALTERNATIVES
SUPPLÉMENTAIRES
QUESTION NOUVELLE
OU
QUESTION PRÉSENTE
UN CARACTÈRE SÉRIEUX
LES TROIS CONDITIONS
REMPLIES
ACCEPTATION
TRANSMISSION
AU CONSEIL CONSTITUTIONNEL

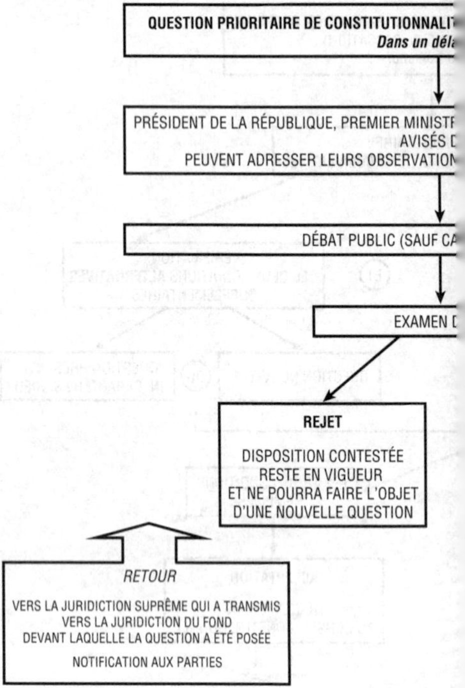
QUESTION PRIORITAIRE DE CONSTITUTIONNALI
Dans un dél
PRÉSIDENT DE LA RÉPUBLIQUE, PREMIER MINIST
AVISÉS
PEUVENT ADRESSER LEURS OBSERVATIO
DÉBAT PUBLIC (SAUF C
EXAMEN
REJET
DISPOSITION CONTESTÉE RESTE EN VIGUEUR ET NE POURRA FAIRE L'OBJET D'UNE NOUVELLE QUESTION
RETOUR
VERS LA JURIDICTION SUPRÊME QUI A TRANSMIS
VERS LA JURIDICTION DU FOND DEVANT LAQUELLE LA QUESTION A ÉTÉ POSÉE
NOTIFICATION AUX PARTIES

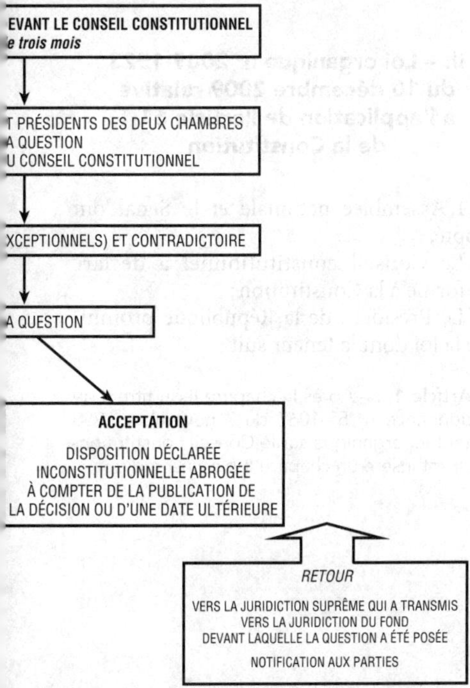
EVANT LE CONSEIL CONSTITUTIONNEL
e trois mois
T PRÉSIDENTS DES DEUX CHAMBRES
A QUESTION
U CONSEIL CONSTITUTIONNEL
XCEPTIONNELS) ET CONTRADICTOIRE
A QUESTION
ACCEPTATION
DISPOSITION DÉCLARÉE INCONSTITUTIONNELLE ABROGÉE À COMPTER DE LA PUBLICATION DE LA DÉCISION OU D'UNE DATE ULTÉRIEURE
RETOUR
VERS LA JURIDICTION SUPRÊME QUI A TRANSMIS
VERS LA JURIDICTION DU FOND DEVANT LAQUELLE LA QUESTION A ÉTÉ POSÉE
NOTIFICATION AUX PARTIES

## II. – Loi organique n° 2009-1523 du 10 décembre 2009 relative à l'application de l'article 61-1 de la Constitution

L'Assemblée nationale et le Sénat ont adopté,

Le Conseil constitutionnel a déclaré conforme à la Constitution ;

Le Président de la République promulgue la loi dont la teneur suit :

**Article 1er.** – Après le chapitre II du titre II de l'ordonnance n° 58-1067 du 7 novembre 1958 portant loi organique sur le Conseil constitutionnel, il est inséré un chapitre II *bis* ainsi rédigé :

## Chapitre II *bis* **De la question prioritaire de constitutionnalité**

### Section 1 **Dispositions applicables devant les juridictions relevant du Conseil d'État ou de la Cour de cassation**

« ***Art. 23-1.*** – Devant les juridictions relevant du Conseil d'État ou de la Cour de cassation, le moyen tiré de ce qu'une disposition législative porte atteinte aux droits et libertés garantis par la Constitution est, à peine d'irrecevabilité, présenté dans un écrit distinct et motivé. Un tel moyen peut être soulevé pour la première fois en cause d'appel. Il ne peut être relevé d'office.

« Devant une juridiction relevant de la Cour de cassation, lorsque le ministère public n'est pas partie à l'instance, l'affaire lui est communiquée dès que le moyen est soulevé afin qu'il puisse faire connaître son avis.

« Si le moyen est soulevé au cours de l'instruction pénale, la juridiction d'instruction du second degré en est saisie.

« Le moyen ne peut être soulevé devant la cour d'assises. En cas d'appel d'un arrêt rendu par la cour d'assises en premier ressort, il peut être soulevé dans un écrit accompagnant la déclaration d'appel. Cet écrit est immédiatement transmis à la Cour de cassation. »

« *Art. 23-2.* – La juridiction statue sans délai par une décision motivée sur la transmission de la question prioritaire de constitutionnalité au Conseil d'État ou à la Cour de cassation. Il est procédé à cette transmission si les conditions suivantes sont remplies :

« 1° La disposition contestée est applicable au litige ou à la procédure, ou constitue le fondement des poursuites ;

« 2° Elle n'a pas déjà été déclarée conforme à la Constitution dans les motifs et le dispositif d'une décision du Conseil constitutionnel, sauf changement des circonstances ;

« 3° La question n'est pas dépourvue de caractère sérieux.

« En tout état de cause, la juridiction doit, lorsqu'elle est saisie de moyens contestant la conformité d'une disposition législative, d'une part, aux droits et libertés garantis par la Constitution et, d'autre part, aux engagements internationaux de la France, se prononcer par priorité sur la transmission de la question de constitutionnalité au Conseil d'État ou à la Cour de cassation.

« La décision de transmettre la question est adressée au Conseil d'État ou à la Cour de cassation dans les huit jours de son prononcé avec les mémoires ou les conclusions des parties. Elle n'est susceptible d'aucun recours. Le refus de transmettre la question ne peut être contesté qu'à l'occasion d'un recours contre la décision réglant tout ou partie du litige. »

« ***Art. 23-3.*** – Lorsque la question est transmise, la juridiction sursoit à statuer jusqu'à réception de la décision du Conseil d'État ou de la Cour de cassation ou, s'il a été saisi, du Conseil constitutionnel. Le cours de l'instruction n'est pas suspendu et la juridiction peut prendre les mesures provisoires ou conservatoires nécessaires.

« Toutefois, il n'est sursis à statuer ni lorsqu'une personne est privée de liberté à raison de l'instance ni lorsque l'instance a pour objet de mettre fin à une mesure privative de liberté.

« La juridiction peut également statuer sans attendre la décision relative à la question prioritaire de constitutionnalité si la loi ou le règlement prévoit qu'elle statue dans un délai déterminé ou en urgence. Si la juridiction de première instance statue sans attendre et s'il est formé appel de sa décision, la juridiction d'appel sursoit à statuer. Elle peut toutefois ne pas surseoir si elle est elle-même tenue de se prononcer dans un délai déterminé ou en urgence.

« En outre, lorsque le sursis à statuer risquerait d'entraîner des conséquences irrémédiables ou manifestement excessives pour les droits d'une partie, la juridiction qui décide de transmettre la question peut statuer sur les points qui doivent être immédiatement tranchés.

« Si un pourvoi en cassation a été introduit alors que les juges du fond se sont prononcés sans attendre la décision du Conseil d'État ou de la Cour de cassation ou, s'il a été saisi, celle du

Conseil constitutionnel, il est sursis à toute décision sur le pourvoi tant qu'il n'a pas été statué sur la question prioritaire de constitutionnalité. Il en va autrement quand l'intéressé est privé de liberté à raison de l'instance et que la loi prévoit que la Cour de cassation statue dans un délai déterminé. »

Section 2
**Dispositions applicables devant le Conseil d'État et la Cour de cassation**

« *Art. 23-4.* – Dans un délai de trois mois à compter de la réception de la transmission prévue à l'article 23-2 ou au dernier alinéa de l'article 23-1, le Conseil d'État ou la Cour de cassation se prononce sur le renvoi de la question prioritaire de constitutionnalité au Conseil constitutionnel. Il est procédé à ce renvoi dès lors que les conditions prévues aux 1° et 2° de l'article 23-2 sont remplies et que la question est nouvelle ou présente un caractère sérieux.

« *Art. 23-5.* – Le moyen tiré de ce qu'une disposition législative porte atteinte aux droits et libertés garantis par la Constitution peut être soulevé, y compris pour la première fois en cassation, à l'occasion d'une instance devant le Conseil d'État ou la Cour de cassation. Le moyen est présenté, à peine d'irrecevabilité, dans un mémoire distinct et motivé. Il ne peut être relevé d'office.

« En tout état de cause, le Conseil d'État ou la Cour de cassation doit, lorsqu'il est saisi de moyens contestant la conformité d'une disposition législative, d'une part, aux droits et libertés garantis par la Constitution et, d'autre part, aux engagements internationaux de la France, se prononcer par priorité sur le renvoi de la question de constitutionnalité au Conseil constitutionnel.

« Le Conseil d'État ou la Cour de cassation dispose d'un délai de trois mois à compter de la présentation du moyen pour rendre sa décision. Le Conseil constitutionnel est saisi de la question prioritaire de constitutionnalité dès lors que les conditions prévues aux 1° et 2° de l'article 23-2 sont remplies et que la question est nouvelle ou présente un caractère sérieux.

« Lorsque le Conseil constitutionnel a été saisi, le Conseil d'État ou la Cour de cassation sursoit à statuer jusqu'à ce qu'il se soit prononcé. Il en va autrement quand l'intéressé est privé de liberté à raison de l'instance et que la loi prévoit que la Cour de cassation statue dans un délai déterminé. Si le Conseil d'État ou la Cour de cassation est tenu de se prononcer en urgence, il peut n'être pas sursis à statuer. »

« ***Art. 23-6.*** – Le premier président de la Cour de cassation est destinataire des transmissions à la Cour de cassation prévues à l'article 23-2 et au dernier alinéa de l'article 23-1. Le mémoire mentionné à l'article 23-5, présenté dans le cadre d'une instance devant la Cour de cassation, lui est également transmis.

« Le premier président avise immédiatement le procureur général.

« L'arrêt de la Cour de cassation est rendu par une formation présidée par le premier président et composée des présidents des chambres et de deux conseillers appartenant à chaque chambre spécialement concernée.

« Toutefois, le premier président peut, si la solution lui paraît s'imposer, renvoyer la question devant une formation présidée par lui-même et composée du président de la chambre spécialement concernée et d'un conseiller de cette chambre.

« Pour l'application des deux précédents alinéas, le premier président peut être suppléé par un délégué qu'il désigne parmi les présidents de chambre de la Cour de cassation. Les présidents des chambres peuvent être suppléés par des délégués qu'ils désignent parmi les conseillers de la chambre. »

« ***Art. 23-7.*** – La décision motivée du Conseil d'État ou de la Cour de cassation de saisir le Conseil constitutionnel lui est transmise avec les mémoires ou les conclusions des parties. Le Conseil constitutionnel reçoit une copie de la décision motivée par laquelle le Conseil d'État ou la Cour de cassation décide de ne pas le saisir d'une question prioritaire de constitutionnalité. Si le Conseil d'État ou la Cour de cassation ne s'est pas prononcé dans les délais prévus aux articles 23-4 et 23-5, la question est transmise au Conseil constitutionnel.

« La décision du Conseil d'État ou de la Cour de cassation est communiquée à la juridiction qui a transmis la question prioritaire de constitutionnalité et notifiée aux parties dans les huit jours de son prononcé. »

Section 3
**Dispositions applicables devant le Conseil constitutionnel**

« ***Art. 23-8.*** – Le Conseil constitutionnel, saisi en application des dispositions du présent chapitre, avise immédiatement le Président de la République, le Premier ministre et les présidents de l'Assemblée nationale et du Sénat. Ceux-ci peuvent adresser au Conseil constitutionnel leurs observations sur la question prioritaire de constitutionnalité qui lui est soumise.

« Lorsqu'une disposition d'une loi du pays de la Nouvelle-Calédonie fait l'objet de la question prioritaire de constitutionnalité, le Conseil constitutionnel avise également le président du gouvernement de la Nouvelle-Calédonie, le président du congrès et les présidents des assemblées de province. »

« ***Art. 23-9.*** – Lorsque le Conseil constitutionnel a été saisi de la question prioritaire de constitutionnalité, l'extinction, pour quelque cause que ce soit, de l'instance à l'occasion de laquelle la question a été posée est sans conséquence sur l'examen de la question. »

« ***Art. 23-10.*** – Le Conseil constitutionnel statue dans un délai de trois mois à compter de sa saisine. Les parties sont mises à même de présenter contradictoirement leurs observations. L'audience est publique, sauf dans les cas exceptionnels définis par le règlement intérieur du Conseil constitutionnel. »

« ***Art. 23-11.*** – La décision du Conseil constitutionnel est motivée. Elle est notifiée aux parties et communiquée soit au Conseil d'État, soit à la Cour de cassation ainsi que, le cas échéant, à la juridiction devant laquelle la question prioritaire de constitutionnalité a été soulevée.

« Le Conseil constitutionnel communique également sa décision au Président de la République, au Premier ministre et aux présidents de l'Assemblée nationale et du Sénat ainsi que, dans le cas prévu au dernier alinéa de l'article 23-8, aux autorités qui y sont mentionnées.

« La décision du Conseil constitutionnel est publiée au Journal officiel et, le cas échéant, au Journal officiel de la Nouvelle-Calédonie. »

« ***Art. 23-12.*** – Lorsque le Conseil constitutionnel est saisi d'une question prioritaire de constitutionnalité, la contribution de l'État à la rétribution des auxiliaires de justice qui prêtent leur concours au titre de l'aide juridictionnelle est majorée selon des modalités fixées par voie réglementaire. »

**Article 2**

**I.** – Après le chapitre Ier du titre VII du livre VII du Code de justice administrative, il est inséré un chapitre Ier *bis* ainsi rédigé :

## Chapitre I^er^ *bis*
## La question prioritaire de constitutionnalité

« ***Art. LO 771-1.*** – La transmission par une juridiction administrative d'une question prioritaire de constitutionnalité au Conseil d'État obéit aux règles définies par les articles 23-1 à 23-3 de l'ordonnance n° 58-1067 du 7 novembre 1958 portant loi organique sur le Conseil constitutionnel. »

« ***Art. LO 771-2.*** – Le renvoi par le Conseil d'État d'une question prioritaire de constitutionnalité au Conseil constitutionnel obéit aux règles définies par les articles 23-4, 23-5 et 23-7 de l'ordonnance n° 58-1067 du 7 novembre 1958 précitée. »

**II.** – Le livre IV du Code de l'organisation judiciaire est complété par un titre VI ainsi rédigé :

## Titre VI
## Question prioritaire de constitutionnalité

« ***Art. LO 461-1.*** – La transmission par une juridiction de l'ordre judiciaire d'une question prioritaire de constitutionnalité à la Cour de cassation obéit aux règles définies par les articles 23-1 à 23-3 de l'ordonnance n° 58-1067 du 7 novembre 1958 portant loi organique sur le Conseil constitutionnel. »

« ***Art. LO 461-2.*** – Le renvoi par la Cour de cassation d'une question prioritaire de constitutionnalité au Conseil constitutionnel obéit aux règles définies par les articles 23-4 à 23-7 de l'ordonnance n° 58- 1067 du 7 novembre 1958 précitée. »

**III.** – Le titre Ier *bis* du livre IV du Code de procédure pénale est ainsi rétabli :

### Titre Ier *bis*
### De la question prioritaire de constitutionnalité

« ***Art. LO 630.*** – Les conditions dans lesquelles le moyen tiré de ce qu'une disposition législative porte atteinte aux droits et libertés garantis par la Constitution peut être soulevé dans une instance pénale, ainsi que les conditions dans lesquelles le Conseil constitutionnel peut être saisi par la Cour de cassation de la question prioritaire de constitutionnalité, obéissent aux règles définies par les articles 23-1 à 23-7 de l'ordonnance n° 58-1067 du 7 novembre 1958 portant loi organique sur le Conseil constitutionnel. »

**IV.** – Après l'article L. 142-1 du Code des juridictions financières, il est inséré un article LO 142-2 ainsi rédigé :

« ***Art. LO 142-2.*** – I. – La transmission au Conseil d'État, par une juridiction régie par le présent code, d'une question prioritaire de constitutionnalité obéit aux règles définies par les articles 23-1 à 23-3 de l'ordonnance n° 58-1067 du 7 novembre 1958 portant loi organique sur le Conseil constitutionnel.

« **II.** – Devant une juridiction financière, l'affaire est communiquée au ministère public dès que le moyen tiré de ce qu'une disposition législative porte atteinte aux droits et libertés garantis par la Constitution est soulevé, afin qu'il puisse faire connaître son avis. »

### Article 3

Après le premier alinéa de l'article 107 de la loi organique n° 99-209 du 19 mars 1999 relative à la Nouvelle-Calédonie, il est inséré un alinéa ainsi rédigé :

« Les dispositions d'une loi du pays peuvent faire l'objet d'une question prioritaire de constitutionnalité, qui obéit aux règles définies par les articles 23-1 à 23-12 de l'ordonnance n° 58-1067 du 7 novembre 1958 portant loi organique sur le Conseil constitutionnel. »

### Article 4

Les modalités d'application de la présente loi organique sont fixées dans les conditions prévues par les articles 55 et 56 de l'ordonnance n° 58-1067 du 7 novembre 1958 portant loi organique sur le Conseil constitutionnel. À l'article 56 de la même ordonnance, après les mots : « les règles de procédure », sont insérés les mots : « applicables devant lui ».

**Article 5**

La présente loi organique entre en vigueur le premier jour du troisième mois suivant celui de sa promulgation.

La présente loi sera exécutée comme loi de l'État.

## III. – Décret n° 2010-148 du 16 février 2010 portant application de la loi organique n° 2009-1523 du 10 décembre 2009 relative à l'application de l'article 61-1 de la Constitution

Le Président de la République,

Sur le rapport du Premier ministre et de la ministre d'État, garde des Sceaux, ministre de la Justice et des libertés,

Vu la Constitution, notamment son article 61-1 ;

Vu le Code de justice administrative ;

Vu le Code de l'organisation judiciaire ;

Vu le Code de procédure civile ;

Vu le Code de procédure pénale ;

Vu l'ordonnance n° 58-1067 du 7 novembre 1958 modifiée portant loi organique sur le Conseil constitutionnel, notamment ses articles 23-1 à 23-12 ;

Vu la loi organique n° 2009-1523 du 10 décembre 2009 relative à l'application de l'article 61-1 de la Constitution, notamment ses articles 2, 3, 4 et 5 ;

Le Conseil constitutionnel consulté;

Le Conseil d'État (commission spéciale) entendu;

Le conseil des ministres entendu,

Décrète :

## Chapitre Ier
## Dispositions applicables devant les juridictions administratives

**Article 1er.** – Après le chapitre Ier du titre VII du livre VII du Code de justice administrative (partie réglementaire), il est inséré un chapitre Ier *bis* ainsi rédigé :

### Chapitre Ier *bis*
### La question prioritaire de constitutionnalité

Section 1

**Dispositions applicables devant les tribunaux administratifs et les cours administratives d'appel**

« *Art. R.* 771-3.* – Le moyen tiré de ce qu'une disposition législative porte atteinte aux droits et libertés garantis par la Constitution est soulevé, conformément aux dispositions de l'article 23-1 de l'ordonnance n° 58-1067 du 7 novembre 1958 portant loi organique sur le Conseil constitutionnel, à peine d'irrecevabilité, dans un mémoire distinct et motivé. Ce mémoire, ainsi que, le cas échéant, l'enveloppe qui le contient, portent la mention : "question prioritaire de constitutionnalité."

« *Art. R.* 771-4.* – L'irrecevabilité tirée du défaut de présentation, dans un mémoire distinct et motivé, du moyen visé à l'article précédent peut être opposée sans qu'il soit fait application des articles R. 611-7 et R. 612-1.

« *Art. R.* 771-5.* – Sauf s'il apparaît de façon certaine, au vu du mémoire distinct, qu'il n'y a pas lieu de transmettre la question prioritaire de constitutionnalité, notification de ce mémoire est faite aux autres parties. Il leur est imparti un bref délai pour présenter leurs observations.

« *Art. R.* 771-6.* – La juridiction n'est pas tenue de transmettre une question prioritaire de constitutionnalité mettant en cause, par les mêmes motifs, une disposition législative dont le Conseil d'État ou le Conseil constitutionnel est déjà saisi. En cas d'absence de transmission pour cette raison, elle diffère sa décision sur le fond, jusqu'à ce qu'elle soit informée de la décision du Conseil d'État ou, le cas échéant, du Conseil constitutionnel.

« *Art. R.* 771-7.* – Les présidents de tribunal administratif et de cour administrative d'appel, le vice-président du tribunal administratif de Paris, les présidents de formation de jugement des tribunaux et des cours ou les magistrats désignés à cet effet par le chef de juridiction peuvent, par ordonnance, statuer sur la transmission d'une question prioritaire de constitutionnalité.

« *Art. R.* 771-8.* – L'application des dispositions de la présente section ne fait pas obstacle à l'usage des pouvoirs que les présidents de tribunal administratif et de cour administrative d'appel, le vice-président du tribunal administratif de Paris et les présidents de formation de jugement des tribunaux et des cours tiennent des dispositions de l'article R. 222-1.

« *Art. R.* 771-9.* – La décision qui statue sur la transmission de la question prioritaire de constitutionnalité est notifiée aux parties, dans les formes prévues par les articles R. 751-2 à R. 751-4 et R. 751-8.

« La notification d'une décision de transmission mentionne que des observations peuvent être produites devant le Conseil d'État, dans le délai d'un mois. Elle indique les modalités selon lesquelles ces observations peuvent être présentées.

« La notification d'une décision de refus de transmission mentionne que cette décision ne peut être contestée qu'à l'occasion d'un recours formé contre la décision qui règle tout ou partie du litige. Elle mentionne aussi que cette contestation devra faire l'objet d'un mémoire distinct et motivé, accompagné d'une copie de la décision de refus de transmission.

« *Art. R.* 771-10.* – Le refus de transmission dessaisit la juridiction du moyen d'inconstitutionnalité. La décision qui règle le litige vise le refus de transmission.

« La formation de jugement peut, toutefois, déclarer non avenu le refus de transmission et procéder à la transmission, lorsque ce refus a été exclusivement motivé par la constatation que la condition prévue par le 1° de l'article 23-2 de l'ordonnance n° 58-1067 du 7 novembre 1958 portant loi organique sur le Conseil constitutionnel n'était pas remplie, si elle entend fonder sa décision sur la disposition législative qui avait fait l'objet de la question qui n'a pas été transmise.

« *Art. R.* 771-11.* – La question prioritaire de constitutionnalité soulevée pour la première fois devant les cours administratives d'appel est soumise aux mêmes règles qu'en première instance.

« *Art. R.* 771-12.* – Lorsque, en application du dernier alinéa de l'article 23-2 de l'ordonnance n° 58-1067 du 7 novembre 1958 portant loi organique sur le Conseil constitutionnel, l'une des parties entend contester, à l'appui d'un appel formé contre la décision qui règle tout ou partie du litige, le refus de transmission d'une question prioritaire de constitutionnalité opposé par le premier juge, il lui appartient, à peine d'irrecevabilité, de présenter cette contestation avant l'expiration du délai d'appel dans un mémoire distinct et motivé, accompagné d'une copie de la décision de refus de transmission.

« La contestation du refus de transmission par la voie du recours incident doit, de même, faire l'objet d'un mémoire distinct et motivé, accompagné d'une copie de la décision de refus de transmission. »

Section 2
**Dispositions applicables devant le Conseil d'État**

« *Art. R.* 771-13.* – Le mémoire distinct prévu par l'article 23-5 de l'ordonnance n° 58-1067 du 7 novembre 1958 portant loi organique sur le Conseil constitutionnel ainsi que, le cas échéant, l'enveloppe qui le contient portent la mention : "question prioritaire de constitutionnalité".

« *Art. R.* 771-14.* – L'irrecevabilité tirée du défaut de présentation, dans un mémoire distinct et motivé, du moyen tiré de ce qu'une disposition législative porte atteinte aux droits et libertés garantis par la Constitution peut être opposée sans qu'il soit fait application des articles R. 611-7 et R. 612-1.

« *Art. R.* 771-15.* – Le mémoire distinct par lequel une partie soulève, devant le Conseil d'État, un moyen tiré de ce qu'une disposition législative porte atteinte aux droits et libertés garantis par la Constitution est notifié aux autres parties, au ministre compétent et au Premier ministre. Il leur est imparti un bref délai pour présenter leurs observations.

« Il n'est pas procédé à la communication du mémoire distinct lorsqu'il apparaît de façon certaine, au vu de ce mémoire, que les conditions prévues à l'article 23-4 de l'ordonnance n° 58-1067 du 7 novembre 1958 portant loi organique sur le Conseil constitutionnel ne sont pas remplies.

« *Art. R.* 771-16.* – Lorsque l'une des parties entend contester devant le Conseil d'État, à l'appui d'un appel ou d'un pourvoi en cassation formé contre la décision qui règle tout ou partie du litige, le refus de transmission d'une question prioritaire de constitutionnalité précédemment opposé, il lui appartient, à peine d'irrecevabilité, de présenter cette contestation avant l'expiration du délai de recours dans un mémoire distinct et motivé, accompagné d'une copie de la décision de refus de transmission.

« La contestation du refus de transmission par la voie du recours incident doit, de même, faire l'objet d'un mémoire distinct et motivé, accompagné d'une copie de la décision de refus de transmission.

« *Art. R.* 771-17.* – Lorsqu'une question prioritaire de constitutionnalité est posée à l'appui d'un pourvoi en cassation, le Conseil d'État se prononce sur le renvoi de cette question au Conseil constitutionnel sans être tenu de statuer au préalable sur l'admission du pourvoi.

« *Art. R.* 771-18.* – Le Conseil d'État n'est pas tenu de renvoyer au Conseil constitutionnel une question prioritaire de constitutionnalité mettant en cause, par les mêmes motifs, une disposition législative dont le Conseil constitutionnel est déjà saisi. En cas d'absence de transmission pour cette raison, il diffère sa décision jusqu'à l'intervention de la décision du Conseil constitutionnel.

« *Art. R.* 771-19.* – L'application des dispositions de la présente section ne fait pas obstacle à l'usage des pouvoirs que les présidents de sous-section tiennent des dispositions des articles R. 122-12 et R. 822-5.

« *Art. R.* 771-20.* – Lorsqu'une question prioritaire de constitutionnalité a été transmise au Conseil d'État par un tribunal administratif ou par une cour administrative d'appel, les parties, le ministre compétent et le Premier ministre peuvent produire des observations dans le délai d'un mois courant à compter de la notification qui leur a été faite de la décision de transmission ou, le cas échéant, dans le délai qui leur est imparti par le président de la section du contentieux ou par le président de la sous-section chargée de l'instruction.

« Si la requête dont est saisie la juridiction qui a décidé le renvoi est dispensée du ministère d'avocat devant cette juridiction, la même dispense s'applique à la production des observations devant le Conseil d'État; dans le cas contraire, et sauf lorsqu'elles émanent d'un ministre ou du Premier ministre, les observations doivent être présentées par un avocat au Conseil d'État et à la Cour de cassation.

« *Art. R.* 771-21.* – La décision qui se prononce sur le renvoi au Conseil constitutionnel d'une question prioritaire de constitutionnalité est notifiée aux parties, au ministre compétent et au Premier ministre dans les formes prévues aux articles R. 751-2 à R. 751-4. »

**Art. 2.** – Pour l'application de l'article 61-1 de la Constitution, les dispositions des articles R.* 771-5 et R.* 771-6, des deuxième et troisième alinéas de l'article R.* 771-9 et des articles R.* 771-10 et R.* 771-12 du Code de justice administrative sont applicables devant les juridictions relevant du Conseil d'État qui ne sont régies ni par le Code de justice administrative ni par le Code des juridictions financières.

La partie qui, dans une instance devant l'une de ces juridictions, soutient qu'une disposition législative porte atteinte aux droits et libertés garantis par la Constitution présente ses observations dans un mémoire distinct et motivé, à peine d'irrecevabilité relevée d'office.

## Chapitre II
## **Dispositions applicables devant les juridictions judiciaires**

**Art. 3.** – Après le titre V du livre I$^{er}$ du Code de procédure civile, il est inséré un titre V *bis* ainsi rédigé :

## Titre V *bis*
## La question prioritaire de constitutionnalité

### Chapitre Ier
### La transmission par le juge de la question prioritaire de constitutionnalité à la Cour de cassation

« *Art. 126-1.* – La transmission d'une question prioritaire de constitutionnalité à la Cour de cassation obéit aux règles définies par les articles 23-1 à 23-3 de l'ordonnance n° 58-1067 du 7 novembre 1958 portant loi organique sur le Conseil constitutionnel et aux dispositions prévues par le présent chapitre.

« *Art. 126-2.* – À peine d'irrecevabilité, la partie qui soutient qu'une disposition législative porte atteinte aux droits et libertés garantis par la Constitution présente ce moyen dans un écrit distinct et motivé, y compris à l'occasion d'un recours contre une décision réglant tout ou partie du litige dans une instance ayant donné lieu à un refus de transmettre la question prioritaire de constitutionnalité.

« Le juge doit relever d'office l'irrecevabilité du moyen qui n'est pas présenté dans un écrit distinct et motivé.

« Les autres observations des parties sur la question prioritaire de constitutionnalité doivent, si elles sont présentées par écrit, être contenues dans un écrit distinct et motivé. À défaut, elles ne peuvent être jointes à la décision transmettant la question à la Cour de cassation.

« *Art. 126-3.* – Le juge qui statue sur la transmission de la question prioritaire de constitutionnalité est celui qui connaît de l'instance au cours de laquelle cette question est soulevée, sous réserve des alinéas qui suivent.

« Le magistrat chargé de la mise en état, ainsi que le magistrat de la cour d'appel chargé d'instruire l'affaire, statue par ordonnance sur la transmission de la question prioritaire de constitutionnalité soulevée devant lui. Lorsque la question le justifie, il peut également renvoyer l'affaire devant la formation de jugement, le cas échéant sans clore l'instruction, pour qu'elle statue sur la transmission de la question. Cette décision de renvoi est une mesure d'administration judiciaire.

« Le président de la formation de jugement du tribunal paritaire des baux ruraux, du tribunal des affaires de sécurité sociale, du tribunal du contentieux de l'incapacité et de la Cour nationale de l'incapacité et de la tarification de l'assurance des accidents du travail statuent sur la transmission de la question.

« *Art. 126-4.* – Le juge statue sans délai, selon les règles de procédure qui lui sont applicables, sur la transmission de la question prioritaire de constitutionnalité, le ministère public avisé et les parties entendues ou appelées.

« Ceux-ci sont avisés par tout moyen de la date à laquelle la décision sera rendue. Les parties sont en outre avisées qu'elles devront, le cas échéant, se conformer aux dispositions de l'article 126-9.

« *Art. 126-5.* – Le juge n'est pas tenu de transmettre une question prioritaire de constitutionnalité mettant en cause, par les mêmes motifs, une disposition législative dont la Cour de cassation ou le Conseil constitutionnel est déjà saisi. En cas d'absence de transmission pour cette raison, il sursoit à statuer sur le fond, jusqu'à ce qu'il soit informé de la décision de la Cour de cassation ou, le cas échéant, du Conseil constitutionnel.

« *Art. 126-6.* – Le refus de transmettre la question dessaisit la juridiction du moyen tiré de la question prioritaire de constitutionnalité.

« Toutefois, lorsque ce refus a été exclusivement motivé par la constatation que la disposition législative contestée n'était pas applicable au litige ou à la procédure en cause, la juridiction peut, si elle entend à l'occasion de l'examen de l'affaire faire application de cette disposition, rétracter ce refus et transmettre la question.

« *Art. 126-7.* – Le greffe avise les parties et le ministère public par tout moyen et sans délai de la décision statuant sur la transmission de la question prioritaire de constitutionnalité à la Cour de cassation.

« En cas de décision de transmission, l'avis aux parties précise que celle-ci n'est susceptible d'aucun recours et que les parties qui entendent présenter des observations devant la Cour de cassation doivent se conformer aux dispositions de l'article 126-9, qui est reproduit dans l'avis, ainsi que le premier alinéa de l'article 126-11. L'avis est adressé par lettre recommandée avec demande d'avis de réception aux parties qui n'ont pas comparu.

« En cas de décision de refus de transmission, l'avis aux parties précise que celle-ci ne peut être contestée qu'à l'occasion d'un recours formé contre une décision tranchant tout ou partie du litige. »

## Chapitre II
## **Le renvoi par la Cour de cassation de la question prioritaire de constitutionnalité au Conseil constitutionnel**

« *Art. 126-8.* – Le renvoi par la Cour de cassation d'une question prioritaire de constitutionnalité au Conseil constitutionnel obéit aux règles définies par les articles 23-4 à 23-7 de l'ordonnance n° 581067 du 7 novembre 1958 précitée et aux dispositions prévues par le présent chapitre. »

« *Art. 126-9.* – Les parties disposent d'un délai d'un mois à compter de la décision de transmission pour faire connaître leurs éventuelles observations. Celles-ci sont signées par un avocat au Conseil d'État et à la Cour de cassation, dans les matières où la représentation est obligatoire devant la Cour de cassation. »

« *Art. 126-10.* – Lorsque la question prioritaire de constitutionnalité est soulevée à l'occasion d'un pourvoi, les autres parties au pourvoi disposent d'un délai d'un mois pour remettre un mémoire en réponse sur la question prioritaire de constitutionnalité. Celui-ci est établi, remis et communiqué suivant les règles régissant le pourvoi. »

« *Art. 126-11.* – Le premier président ou son délégué, à la demande de l'une des parties ou d'office, peut, en cas d'urgence, réduire le délai prévu par les articles 126-9 et 126-10.

« Il fixe la date de l'audience au cours de laquelle sera examinée la question prioritaire de constitutionnalité.

« Le procureur général en est avisé pour lui permettre de faire connaître son avis. »

« *Art. 126-12.* – Le greffe notifie aux parties la décision prise par le premier président ou son délégué en application du premier alinéa de l'article 126-11, ainsi que la date de l'audience. »

**Art. 4.** – Le Code de procédure pénale est modifié conformément aux dispositions du présent article.

1° L'article R. 50 devient l'article R. 49-20.

2° Le titre Ier du livre IV est remplacé par les dispositions suivantes :

**Titre Ier**
**De la coopération avec la Cour pénale internationale**

« Néant. »

**Titre Ier *bis***
**De la question prioritaire de constitutionnalité**

Chapitre Ier
**Dispositions applicables devant les juridictions d'instruction, de jugement, d'application des peines et de la rétention de sûreté**

« *Art. R.* 49-21.* – Conformément aux dispositions de l'article 23-1 de l'ordonnance n° 58-1067 du 7 novembre 1958 portant loi organique sur le Conseil constitutionnel, la partie qui soutient, à l'appui d'une demande déposée en application des règles du présent code devant une juridiction d'instruction, de jugement, d'application des peines ou de la rétention de sûreté, qu'une disposition législative porte atteinte aux droits et libertés garantis par la Constitution doit, à peine d'irrecevabilité, présenter ce moyen dans un écrit distinct et motivé.

« La juridiction doit relever d'office l'irrecevabilité du moyen qui n'est pas présenté dans un écrit distinct et motivé. »

« *Art. R.* 49-22.* – Au cours de l'instruction pénale, le moyen tiré de ce qu'une disposition législative porte atteinte aux droits et libertés garantis par la Constitution est présenté, à l'appui d'une demande, dans un écrit distinct et motivé déposé au greffe de la chambre de l'instruction et qui est visé par le greffier avec l'indication du jour du dépôt.

« Cet écrit peut être également déposé au greffe du juge d'instruction, du juge des libertés et de la détention ou du juge des enfants. Le greffier l'adresse alors sans délai à la chambre de l'instruction. »

« *Art. R.* 49-23.* – Lorsque le moyen tiré de ce qu'une disposition législative porte atteinte aux droits et libertés garantis par la Constitution est présenté par la personne mise en examen devant le président de la chambre de l'instruction saisi conformément aux dispositions de l'article 187-1 à l'occasion de l'appel d'une ordonnance de placement en détention provisoire, il est examiné par ce magistrat. Ce dernier peut toutefois renvoyer cet examen à la chambre de l'instruction lorsque la question le justifie. »

« *Art. R.* 49-24.* – Lorsque le moyen tiré de ce qu'une disposition législative porte atteinte aux droits et libertés garantis par la Constitution est soulevé par une personne détenue, à l'appui d'une demande qui peut être formée par remise au chef de l'établissement pénitentiaire, l'écrit distinct et motivé peut également être remis au chef de l'établissement pénitentiaire. Cet écrit est visé par ce dernier, avec l'indication du jour du dépôt, et il est adressé sans délai, en original ou en copie, au greffe de la juridiction saisie. »

« *Art. R.* 49-25.* – La juridiction statue sans délai, selon les règles de procédure qui lui sont applicables, sur la transmission de la question prioritaire de constitutionnalité, après que le ministère public et les parties, entendues ou appelées, ont présenté leurs observations sur la question prioritaire de constitutionnalité.

« La juridiction peut toutefois statuer sans recueillir les observations du ministère public et des parties s'il apparaît de façon certaine, au vu du mémoire distinct, qu'il n'y a pas lieu de transmettre la question prioritaire de constitutionnalité.

« Dès lors qu'elles sont présentées par écrit, les observations du ministère public et des autres parties doivent figurer dans un écrit distinct et motivé. À défaut, elles ne peuvent être jointes à la décision transmettant la question à la Cour de cassation. »

« *Art. R.* 49-26.* – La juridiction n'est pas tenue de transmettre une question prioritaire de constitutionnalité mettant en cause, par les mêmes motifs, une disposition législative dont la Cour de cassation ou le Conseil constitutionnel est déjà saisi. En cas d'absence de transmission pour ce motif, elle sursoit à statuer sur le fond, jusqu'à ce qu'elle soit informée de la décision de la Cour de cassation ou, le cas échéant, du Conseil constitutionnel.

« *Art. R.* 49-27.* – Le refus de transmettre la question dessaisit la juridiction du moyen tiré de la question prioritaire de constitutionnalité.

« Toutefois, lorsque ce refus a été exclusivement motivé par la constatation que la disposition législative contestée n'était pas applicable à la procédure en cause ou ne constituait pas le fondement des poursuites, la juridiction peut, si elle entend à l'occasion de l'examen de l'affaire faire application de cette disposition, rétracter ce refus et transmettre la question. »

« *Art. R.* 49-28.* – Le greffe avise les parties et le ministère public par tout moyen et sans délai de la décision statuant sur la transmission de la question prioritaire de constitutionnalité à la Cour de cassation.

« En cas de décision de transmission, l'avis aux parties précise que celle-ci n'est susceptible d'aucun recours et que les parties qui entendent présenter des observations devant la Cour de cassation doivent se conformer aux dispositions de l'article R.* 49-30, qui est reproduit dans l'avis, ainsi que le premier alinéa de l'article R.* 49-32. L'avis est adressé par lettre recommandée avec demande d'avis de réception aux parties qui n'ont pas comparu.

« En cas de décision de refus de transmission, l'avis aux parties précise que celle-ci ne peut être contestée qu'à l'occasion d'un recours formé contre une décision ayant statué sur la demande au cours de la procédure. »

« *Art. R.* 49-29.* – Lorsqu'il est soulevé pour la première fois en cause d'appel, le moyen tiré de ce qu'une disposition législative porte atteinte aux droits et libertés garantis par la Constitution est présenté dans un écrit distinct et motivé.

« Lorsque la décision ayant refusé de transmettre la question prioritaire de constitutionnalité est contestée à l'occasion d'un recours contre la décision ayant statué sur la demande au cours de la procédure, le moyen tiré de ce qu'une disposition législative porte atteinte aux droits et libertés garantis par la Constitution est également présenté dans un écrit distinct et motivé. »

## Chapitre II
## Dispositions applicables devant la Cour de cassation

« *Art. R.* 49-30.* – Les parties disposent d'un délai d'un mois à compter de la décision de transmission de la question de constitutionnalité à la Cour de cassation pour faire connaître leurs éventuelles observations devant la Cour. Elles sont signées par un avocat au Conseil d'État et à la Cour de cassation, conformément aux règles prévues par l'article 585, sauf lorsqu'elles émanent de la personne condamnée, de la partie civile en matière d'infraction à la loi sur la presse ou du demandeur en cassation lorsque la chambre criminelle est saisie d'un pourvoi en application des articles 567-2, 574-1 et 574-2. »

« *Art. R.* 49-31.* – Lorsque la question prioritaire de constitutionnalité est soulevée à l'occasion d'un pourvoi, les autres parties au pourvoi disposent d'un délai d'un mois pour remettre un mémoire en réponse sur la question prioritaire de constitutionnalité. Celui-ci est établi, remis et communiqué suivant les règles régissant le pourvoi.

« *Art. R.* 49-32.* – Le premier président ou son délégué, à la demande d'une des parties ou d'office, peut, en cas d'urgence, réduire le délai prévu aux articles R.* 49-30 et R.* 49-31.

« Il fixe la date de l'audience au cours de laquelle sera examinée la question prioritaire de constitutionnalité.

« Le procureur général en est avisé pour lui permettre de faire connaître son avis. »

« *Art. R.* 49-33.* – Le greffe notifie aux parties la décision prise par le premier président ou son délégué en application du premier alinéa de l'article R.* 49-32, ainsi que la date de l'audience. »

**Titres II à XII**

« Néant. »

**Art. 5.** – Le livre IV du Code de l'organisation judiciaire est complété par un titre VI ainsi rédigé :

**Titre VI**
**Question prioritaire de constitutionnalité**

« *Art. R.* 461-1.* – La formation statuant sur le renvoi de la question prioritaire de constitutionnalité est constituée conformément aux dispositions de l'article 23-6 de l'ordonnance n° 58-1067 du 7 novembre 1958 portant loi organique sur le Conseil constitutionnel et aux dispositions du présent titre. »

« *Art. R.*461-2.* – Le premier président désigne, conformément à l'article R. 431-3, sur proposition de chacun des présidents de chambre, parmi les conseillers de chaque chambre, celui qui sera appelé à siéger dans la formation statuant sur le renvoi de la question prioritaire de constitutionnalité en application de l'article 23-6 de l'ordonnance du 7 novembre 1958 susmentionnée. »

« *Art. R.* 461-3.* – Pour chaque affaire, le premier président détermine chaque chambre spécialement concernée par la question prioritaire de constitutionnalité. »

« *Art. R.* 461-4.* – Lorsque la formation statuant sur le renvoi de la question prioritaire de constitutionnalité est composée de deux conseillers de chaque chambre spécialement concernée, le premier président désigne, en sus du conseiller désigné en application de l'article R.* 461-2, sur proposition de chaque président de chambre concernée, un conseiller choisi parmi ceux appartenant à la section compétente de la chambre concernée. Toutefois, lorsqu'un conseiller a été nommé rapporteur pour le pourvoi à l'occasion duquel une question prioritaire de constitutionnalité est transmise, il est désigné pour siéger dans la formation. »

« *Art. R.* 461-5.* – Lorsqu'un conseiller désigné en application du présent titre est absent ou empêché, le premier président, sur proposition du président de la chambre spécialement concernée, désigne pour le remplacer un autre conseiller de la chambre. »

## Chapitre III
## Dispositions communes

**Art. 6.** – Le présent décret est applicable sur l'ensemble du territoire de la République.

**Art. 7.** – Le présent décret entre en vigueur le 1er mars 2010. Dans les instances en cours, une question prioritaire de constitutionnalité doit, pour être recevable, être présentée sous la forme d'un mémoire distinct et motivé produit postérieurement à cette date. Le cas échéant, la juridiction ordonne la réouverture de l'instruction pour les seuls besoins de l'examen de la question prioritaire de constitutionnalité, si elle l'estime nécessaire.

**Art. 8.** – Le Premier ministre et la ministre d'État, garde des Sceaux, ministre de la Justice et des libertés, sont responsables, chacun en ce qui le concerne, de l'application du présent décret, qui sera publié au *Journal officiel de la République française*.

## IV. – Règlement intérieur sur la procédure suivie devant le Conseil constitutionnel pour les questions prioritaires de constitutionnalité

*(décision ORGA du 4 février 2010 modifiée par des décisions du 21 juin 2011 et du 22 novembre 2013)*

Le Conseil constitutionnel,

Vu la Constitution, notamment son article 61-1 ;

Vu l'ordonnance n° 58-1067 du 7 novembre 1958 portant loi organique sur le Conseil constitutionnel, notamment son article 56 ;

Vu la loi organique n° 2009-1523 du 10 décembre 2009 relative à l'application de l'article 61-1 de la Constitution, ensemble la décision n° 2009-595 DC du 3 décembre 2009 ;

Vu le décret n° 59-1292 du 13 novembre 1959 sur les obligations des membres du Conseil constitutionnel ;

Vu le décret nº 59-1293 du 13 novembre 1959 relatif à l'organisation du secrétariat général du Conseil constitutionnel,

Décide :

**Article 1er.** – La décision du Conseil d'État ou de la Cour de cassation qui saisit le Conseil constitutionnel d'une question prioritaire de constitutionnalité est enregistrée au secrétariat général du Conseil constitutionnel. Ce dernier en avise les parties à l'instance ou, le cas échéant, leurs représentants.

Le Président de la République, le Premier ministre, les présidents de l'Assemblée nationale et du Sénat en sont également avisés ainsi que, s'il y a lieu, le président du gouvernement de la Nouvelle-Calédonie, le président du congrès et les présidents des assemblées de province.

Cet avis mentionne la date avant laquelle les parties ou les autorités précitées peuvent présenter des observations écrites et, le cas échéant, produire des pièces au soutien de celles-ci. Ces observations et pièces sont adressées au secrétariat général du Conseil constitutionnel dans les conditions fixées à l'article 2. Les observations et pièces adressées postérieurement à cette date, laquelle ne peut être reportée, ne sont pas versées à la procédure.

Une copie de ces premières observations et, le cas échéant, des pièces produites à leur soutien, est notifiée aux parties et autorités précitées qui peuvent, dans les mêmes conditions, présenter des observations avant la date qui leur est fixée. Ces secondes observations ne peuvent avoir d'autre objet que de répondre aux premières. Une copie en est également notifiée aux parties et autorités précitées.

**Art. 2.** – L'accomplissement de tout acte de procédure ainsi que la réception de tout document et de toute pièce sont mentionnés au registre du secrétariat général du Conseil constitutionnel.

**Art. 3.** – Au cours de l'instruction, les actes et pièces de procédure ainsi que les avertissements ou convocations sont notifiés par voie électronique. Ils font l'objet d'un avis de réception également adressé par voie électronique. À cette fin, toute partie communique au secrétariat général du Conseil constitutionnel l'adresse électronique à laquelle ces notifications lui sont valablement faites.

En tant que de besoin et pour garantir le caractère contradictoire de la procédure, le secrétariat général du Conseil constitutionnel peut recourir à tout autre moyen de communication.

Lorsqu'une partie a chargé une personne de la représenter ces notifications sont faites à son représentant.

**Art. 4.** – Tout membre du Conseil constitutionnel qui estime devoir s'abstenir de siéger en informe le président.

Une partie ou son représentant muni à cette fin d'un pouvoir spécial peut demander la récusation d'un membre du Conseil constitutionnel par un écrit spécialement motivé accompagné des pièces propres à la justifier. La demande n'est recevable que si elle est enregistrée au secrétariat général du Conseil constitutionnel avant la date fixée pour la réception des premières observations.

La demande est communiquée au membre du Conseil constitutionnel qui en fait l'objet. Ce dernier fait connaître s'il acquiesce à la récusation. Dans le cas contraire, la demande est examinée sans la participation de celui des membres dont la récusation est demandée.

Le seul fait qu'un membre du Conseil constitutionnel a participé à l'élaboration de la disposition législative faisant l'objet de la question de constitutionnalité ne constitue pas en lui-même une cause de récusation.

**Art. 5.** – Le président inscrit l'affaire à l'ordre du jour du Conseil et fixe la date de l'audience. Il en informe les parties et autorités mentionnées à l'article 1er.

Il désigne un rapporteur parmi les membres du Conseil constitutionnel.

**Art. 6.** – Lorsque, pour les besoins de l'instruction, le Conseil décide de recourir à une audition, les parties et les autorités mentionnées à l'article 1er sont invitées à y assister. Il leur est ensuite imparti un délai pour présenter leurs observations.

Lorsqu'une personne justifiant d'un intérêt spécial adresse des observations en intervention relatives à une question prioritaire de constitutionnalité avant la date fixée en application du troisième alinéa de l'article 1er et mentionnée sur le site internet du Conseil constitutionnel, celui-ci décide que l'ensemble des pièces de la procédure lui est adressé et que ces observations sont transmises aux parties et autorités mentionnées à l'article 1er. Il leur est imparti un délai pour y répondre. En cas d'urgence, le président du Conseil constitutionnel ordonne cette transmission.

Le dépassement du délai échu à cette date n'est pas opposable à une partie qui a posé devant une juridiction relevant du Conseil d'État ou de la Cour de cassation, devant le Conseil d'État ou devant la Cour de cassation une question prioritaire de constitutionnalité mettant en cause une disposition législative dont le Conseil constitutionnel est déjà saisi lorsque, pour cette raison, cette question n'a pas été renvoyée ou transmise.

Si ces observations en intervention comprennent des griefs nouveaux, cette transmission tient lieu de communication au sens de l'article 7 du présent règlement.

Lorsque des observations en intervention ne sont pas admises par le Conseil constitutionnel, celui-ci en informe l'intéressé.

**Art. 7.** – Les griefs susceptibles d'être relevés d'office sont communiqués aux parties et autorités mentionnées à l'article 1er pour qu'elles puissent présenter leurs observations dans le délai qui leur est imparti.

**Art. 8.** – Le président assure la police de l'audience. Il veille à son bon déroulement et dirige les débats.

L'audience fait l'objet d'une retransmission audiovisuelle diffusée en direct dans une salle ouverte au public dans l'enceinte du Conseil constitutionnel.

Le président peut, à la demande d'une partie ou d'office, restreindre la publicité de l'audience dans l'intérêt de l'ordre public ou lorsque les intérêts des mineurs ou la protection de la vie privée des personnes l'exigent. Il ne peut ordonner le huis clos des débats qu'à titre exceptionnel et pour ces seuls motifs.

**Art. 9.** – Dès l'ouverture de l'audience, l'emploi de tout appareil permettant d'enregistrer, de fixer ou de transmettre la parole ou l'image, autre que ceux nécessaires à la retransmission citée à l'article précédent, est interdit dans la salle d'audience comme dans la salle ouverte au public.

Le président peut toutefois, après avoir recueilli l'avis des parties présentes, ordonner la diffusion de l'audience sur le site internet du Conseil constitutionnel.

Il peut aussi en ordonner la conservation si elle présente un intérêt pour la constitution d'archives historiques du Conseil constitutionnel.

**Art. 10.** – À l'audience, il est donné lecture de la question prioritaire de constitutionnalité et d'un rappel des étapes de la procédure.

Les représentants des parties et des personnes dont les observations en intervention ont été admises, s'ils sont avocats au Conseil d'État et à la Cour de cassation ou avocats et, le cas échéant, les agents désignés par les autorités visées à l'article 1er, sont ensuite invités à présenter leurs éventuelles observations orales.

**Art. 11.** – Seuls les membres du Conseil constitutionnel qui ont assisté à l'audience peuvent participer à la délibération.

Sans préjudice de l'application de l'article 58 de l'ordonnance du 7 novembre 1958 susvisée, cette délibération n'est pas publique.

**Art. 12.** – Les décisions du Conseil constitutionnel comportent le nom des parties et de leurs représentants, les visas des textes applicables et des observations communiquées, les motifs sur lesquels elles reposent et un dispositif. Elles indiquent le nom du rapporteur. Elles mentionnent le nom des membres qui ont siégé à la séance au cours de laquelle elles ont été prises.

Elles sont signées par le président, le secrétaire général et le rapporteur et sont communiquées, notifiées et publiées conformément à l'article 23-11 de l'ordonnance du 7 novembre 1958 susvisée.

**Art. 13.** – Si le Conseil constitutionnel constate qu'une de ses décisions est entachée d'une erreur matérielle, il peut la rectifier d'office, après avoir provoqué les explications des parties et des autorités mentionnées à l'article 1er. Les parties et les autorités mentionnées à l'article 1er peuvent, dans les vingt jours de la publication de la décision au *Journal officiel*, saisir le Conseil constitutionnel d'une demande en rectification d'erreur matérielle d'une de ses décisions.

**Art. 14.** – La présente décision sera publiée au *Journal officiel de la République française*.

## Pour aller plus loin

On peut conseiller à ceux qui souhaiteraient aller plus loin de se référer aux manuels de droit constitutionnel, tels que ceux de Ferdinand Mélin-Soucramanien et Pierre Pactet (*Droit constitutionnel*, 38e éd., Sirey, 2020) ou de Louis Favoreu, Patrick Gaïa, Richard Ghevontian, Jean-Louis Mestre, Otto Pfersmann, André Roux et Guy Scoffoni (*Droit constitutionnel*, 21e éd., Dalloz, 2020). Pour un commentaire détaillé de la Constitution, article par article, le lecteur intéressé pourra également se reporter au *Code constitutionnel* de Michel de Villiers, Thierry Renoux et Xavier Magnon (9e éd., LexisNexis, 2019) ou encore, *La Constitution et ses grands articles commentés*, par Julie Benetti et Olivier Duhamel (Dalloz, coll. « À savoir », 2017). Plus spécialement, sur la notion de « bloc de constitutionnalité », qui appartient désormais au vocabulaire usuel du droit constitutionnel moderne, il convient de se reporter aux nombreux écrits de celui qui l'a conceptualisée (cf. notamment : Louis Favoreu,

« Le principe de constitutionnalité », in *Mélanges Charles Eisenmann*, Cujas, 1975, p. 33; Louis Favoreu, Loïc Philip et autres, *Les grandes décisions du Conseil constitutionnel*, 19e éd., Dalloz, 2018). D'une manière plus générale, on trouve les principales définitions des termes usuels du droit constitutionnel dans : Pierre Avril et Jean Gicquel, *Lexique de droit constitutionnel*, 5e éd., PUF, 2016; Michel de Villiers et Armel Le Divellec, *Dictionnaire du droit constitutionnel*, 11e éd., Sirey, 2017.

Le présent recueil pourra aussi être utilement complété par l'ouvrage d'Olivier Pluen qui fait apparaître les versions successives de la Constitution depuis 1958 : *Constitution de la Ve République. De sa rédaction initiale à sa version aujourd'hui en vigueur. Approche historique et légistique*, 2e éd., Institut universitaire Varenne, 2017.

On peut enfin conseiller la consultation de sites internet spécialisés comme celui du Conseil constitutionnel (http://www.conseil-constitutionnel.fr/), de l'Association française de droit constitutionnel (http://www.droitconstitutionnel.org/), ou encore celui du blog français de droit constitutionnel (http://www.bfdc.org/).

collection *À savoir*

*La Constitution européenne*, O. Duhamel
*Codes noirs*, C. Taubira, avec A. Castaldo
*Homosexuels. Quels droits ?*, J. Lang, D. Borrillo
*Les droits des enfants*, S. Royal
*Locutions latines juridiques*, collectif
*Lois et mœurs du rugby*, F. Galthié, J. Lacouture
*Les discriminations positives*, J. Bougrab
*L'abolition de la peine de mort*, R. Badinter
*Le Coran tolérant*, D. Boubakeur
*Un traité pour l'Europe*, N. Sarkozy
*Le nouveau Code du travail*, A. Lyon-Caen, A. Fabre
*Le président des États-Unis*, C. Ockrent, avec B. Perreau
*Obama, petite encyclopédie*, M. Kravetz
*Les constitutions de la France, de la Révolution à la IVe République*, F. Mélin-Soucramanien
*Le droit et les Juifs*, D. Lochak
*Pour la planète*, D. Cohn-Bendit, avec É. Gaudot
*Paroles de philosophes*, L. Ferry
*Obama président, petite encyclopédie*, M. Kravetz
*La révolution numérique*, É. Scherer
*50 droits des ados*, M. Hirsch, avec I. Djordjevic
*Les interdits religieux*, C. Fourest, F. Venner
*Le football. Les lois d'un jeu*, L. Vallée
*Les mots de de Gaulle*, D. Tillinac
*Les grandes démocraties*, F. Mélin-Soucramanien
*Petit dictionnaire de la fraude fiscale*, M.-P. Prat, C. Janvier
*Bioéthique*, D. Borrillo
*Paroles de présidents*, 2e éd., J. Lacouture
*Guerre d'Algérie, droit et non-droit*, A. Heymann-Doat
*SNCF, les droits des voyageurs*, M. Debrincat, F. Regniault

*Les droits des malades*, C. Kouchner, avec A. Delhaye
*Les droits des profs*, M. Debène
*L'euro*, J.-P. Vesperini
*La justice et les enfants*, J.-P. Rosenczveig
*Gens du Voyage*, M. Bordigoni
*L'héritage*, C. Pisani
*Les langues de France*, A. Filippetti
*La condition militaire*, J.-Ph. Wirth
*La charia*, N. Bernard-Maugiron, J.-Ph. Bras
*La prostitution*, J. Mossuz-Lavau
*QPC, la question prioritaire de constitutionnalité*, 2e éd, G. Carcassonne, O. Duhamel, avec A. Duffy
*Adages et maximes du droit français*, 2e éd., J. Hilaire
*Erreurs judiciaires*, D. Salas
*50 droits contre l'exclusion*, 2e éd., Ansa, avec Droits d'Urgence
*La liberté d'expression*, G. Muhlmann, avec E. Decaux et É. Zoller
*La Légion d'honneur*, J.-L. Georgelin
*La parole est à l'avocat*, 3e éd., O. Duhamel, J. Veil
*Le handicap*, B. Lavau
*L'état d'urgence*, K. Roudier, A. Geslin, D.-A. Camous
*La laïcité*, 3e éd., M. Miaille
*Les mots de Mitterrand*, A. Bergounioux
*Les élections présidentielles*, 2e éd., M. Ballet, O. Duhamel
*Étrangers. Quels droits ?*, Gisti
*Les grandes dates de la République*, C. Prochasson
*Le droit d'asile*, M. Denis-Linton
*La torture*, S. Portelli
*50 libertés et droits fondamentaux*, 2e éd., A. Heymann-Doat
*Les grands articles du code pénal*, 3e éd., Y. Mayaud

*Les grands principes du droit du travail*,
Comité présidé par R. Badinter
*Le mariage pour tous*, A. Le Bras-Chopard
*Les grands articles du code civil*, 3e éd.,
A. Bénabent, D. Mazeaud
*Les mots-clés du droit constitutionnel*, B. François
*Les grandes dates de la Ve République*, 2e éd.,
R. Ghevontian
*La Constitution et ses grands articles commentés*,
J. Benetti, O. Duhamel
*Terrorismes*, 2e éd., A. Bauer, C. Soullez
*L'art de la parole*, C. Delhay
*L'homoparentalité*, S. Portelli, C. Richard
*Psychiatrie : l'hospitalisation contrainte*,
A. Hazan, S. Hatry
*Le nouveau droit des contrats et des obligations*,
2e éd., F. Chénedé
*Les mots du golf*, C. Vallée
*La Déclaration universelle des droits de l'Homme*,
2e éd., S. Hennette-Vauchez
*Les mots-clés du droit administratif*, B. Stirn
*Les droits de l'animal*, 2e éd., J.-C. Nouët, J.-M. Coulon
*Contre le racisme et l'antisémitisme*,
F. Mélin-Soucramanien, F. Potier
*Les mots-clés de la citoyenneté*, M. Miaille
*Le droit des femmes*, 2e éd., É. Pisier, S. Brimo
*Police. Pouvoirs et devoirs*, 2e éd., J. Buisson
*La Convention européenne des droits de l'Homme*,
4e éd., F. Moderne
*Code du cycliste*, L. Duprey
*Bureau de vote : mode d'emploi*, J.-P. Camby
*Les mots de Macron*, 2e éd., O. Duhamel
*La protection des données personnelles*, C. Féral-Schuhl
► *Constitution de la République française*, 2020,
F. Mélin-Soucramanien

pcacmb
édition pré-presse
livres numériques

44400 Rezé

718853 – (I) – OSB 60 – CMB – (HCH)
Achevé d'imprimer par L.E.G.O. S.p.A. en juillet 2019
Dépôt légal : août 2019
*Imprimé en Italie*